u »Nicht so das Bilderbuchmädchen« im Unterricht

INHALTSANGABE

u.1

Es ist September, als Zara einen traurigen Jungen in der gegenüberliegenden Wohnung beobachtet und Sam von einem neugierigen Mädchen beim Warten auf den Bus angestarrt wird. Eines Morgens wird er aufgeregt von seinem Vater Gustav geweckt und eine Nachricht von Zara klebt am Fenster gegenüber.

In der Schule hat Zara Schwierigkeiten, an ihren Schwarm Josef heranzukommen, während Sam sich mit Mobbing durch seinen Mitschüler Christopher konfrontiert sieht. Sam und Zara beginnen, sich immer mehr Nachrichten zu schreiben, die ihre Gedanken und Gefühle zum Ausdruck bringen. Sam wird weiter von Christopher schikaniert, während Zara versucht, ihre beste Freundin Miriam über ein Date mit Josef zu belügen.

Aus einer Auseinandersetzung mit Christopher trägt Sam eine blutige Nase davon, doch reagieren seine Eltern enttäuschend auf den Vorfall. Zara bekommt indessen Probleme wegen ihrer Lüge und wirft mit ihrer Mutter Annemarie wütend Geschirr an die Wand.

Allmählich entwickelt sich zwischen Sam und Zara eine enge Freundschaft und sie begleiten sich gegenseitig durch Hoch und Tief. Sam kämpft mit seinem Wunsch abzunehmen, wohingegen Zara mit Josef zusammenkommt.

Inzwischen ist es Dezember. Sam nutzt den Adventskalender, um seinen Eltern sein eigentliches Anliegen mitzuteilen: Er fühlt sich gefangen im falschen Körper. Es kommt zu einem dramatischen Moment im Krankenhaus, als Sam sich mit seinen Eltern beraten lassen will und Zara sie entdeckt, weil sie sich ebenfalls dort aufhält, da Josef einen allergischen Schock hatte. Während Zara versucht, sich als Sams Schwester auszugeben, um mehr herauszubekommen, erfährt Sam von den Möglichkeiten einer Geschlechtsumwandlung.

Die Ereignisse führen schließlich zu einer intensiven Beziehung zwischen Zara und Josef und zu einer tieferen Bindung zwischen Sam und seinen Eltern. Zara erkennt den Grund für Sams Traurigkeit und in einem bedeutungsvollen Moment umarmen sie sich auf der Straße, alle Sorgen hinter sich lassend …

In ihrem Roman »Nicht so das Bilderbuchmädchen« beschreibt die Autorin Agnes Ofner das Leben zweier außergewöhnlicher Protagonist:innen in der Pubertät, die sich auf ungewöhnliche Weise kennenlernen. Gemeinsam ergründen sie Fragen der Freundschaft und der ersten Liebe, der (Trans-) Sexualität und der Identität und scheuen auch nicht die große Frage nach dem Sinn des Lebens.

»Nicht so das Bilderbuchmädchen« schildert den gemeinsamen Weg der Protagonist:innen so spannend und gefühlvoll, dass seine Leser:innen gebannt sein dürften: Hautnah können sie hier miterleben, wie es ist, sich selbst und den anderen kennen- und akzeptieren zu lernen.

U.2 DIDAKTISCHES PROFIL DES JUGENDROMANS

Wie jeder andere Unterricht auch muss die Behandlung eines Jugendbuchs einerseits an die Lernvoraussetzungen der Schüler:innen anknüpfen und damit assimilative Aspekte bieten, andererseits auch zusätzliche Anforderungen an das Verstehen stellen. Das didaktische Potenzial des Buchs als Unterrichtslektüre liegt damit in der Verknüpfung von vertrauten, assimilativen und eher neuen, akkommodativen Aspekten. Vertraute Charakteristika des Textes sorgen dafür, dass die Schüler:innen von sich aus einen Zugang zum Text finden können und dass Anknüpfungsmöglichkeiten für eine eigene Textdeutung vorhanden sind (Assimilation). Dieser Aspekt betrifft das lesefördernde Potenzial. Neue, zusätzliche Anforderungen, die der Text an ein Verstehen der Schüler:innen stellt, betreffen eher den Bereich des literarischen Lernens. Im Überblick lässt sich das didaktische Profil von »Nicht so das Bilderbuchmädchen« folgendermaßen darstellen:

Dimension des Textes	Das Vertraute: Möglichkeit zur Assimilation (Leseförderung)	Das Neue: Notwendigkeit zur Akkommodation (literarisches Lernen)
Wirklichkeitsbezug	▶ Fiktive Geschichte mit Realitätsbezügen (z. B. Schule)	▶ Evtl. reale Schauplätze (z. B. Krankenhaus)
Thematik	▶ Freundschaft ▶ Erste Liebe	▶ Evtl. Pubertät ▶ Transsexualität
Figuren	▶ Positive Identifikationsangebote für Mädchen und Jungen, v. a. durch Sam und Zara, Miriam und Paula, Sams Vater ▶ Negative Identifikationsangebote, v. a. durch Christopher	▶ Umgang mit ambivalenten Figuren, evtl. Sophia und Josef, Zaras Mutter
Sprache/Stil	▶ Intertextuelle Bezüge ▶ Realitätspartikel	▶ Evtl. österreichisches Deutsch ▶ Motiv des »Sonderlings« ▶ Symbol des Seeigels
Literarische Formelemente/ Erzählkonzept	▶ Kapitel ▶ Textsorten (Liedtext)	▶ Bildungsroman ▶ Zwei Erzähler:innen

Die Übersicht verdeutlicht die gelungene Mischung aus leseförderndem Potenzial und Notwendigkeiten zur Akkommodation bestehender Verstehensschemata. Besonders geeignet ist »Nicht so das Bilderbuchmädchen« für die Klassenstufen 7 bis 9. Die Stärke des Romans als Unterrichtslektüre liegt inhaltlich in den jugendnahen Themen der Freundschaft und der ersten Liebe, aber auch in den größeren Themen Pubertät und (Trans-)Sexualität, wobei die Figuren vielfältige Identifikationsangebote für Schüler:innen bieten. Formal überzeugt der Roman als Bildungsroman, wobei die große Spannungsfrage »Was ist mit Sam?« die Leser:innen in ihren Bann zieht. Sprachlich interessant macht den Roman die Verwendung von Symbolen, wobei die Einteilung in viele sehr kurze Kapitel leseungewohnten Schüler:innen entgegenkommt und eine chronologische Herangehensweise erlaubt, die sich über Paratext, Seite 5 bis 12, Seite 12 bis 41, Seite 41 bis 82, Seite 82 bis 116 an den ganzen Roman herantastet.

LITERARISCHES PROFIL DES JUGENDROMANS

U.3

Themen

Auf einer ersten Ebene wendet sich der Roman dem Thema *Pubertät* zu: »In der Pubertät verändern sich Körper manchmal schneller, als das Hirn mit dem Verarbeiten mitkommt und dann braucht man Zeit, um sich an sein neues Äußeres zu gewöhnen« (S. 56f.). Die physischen Veränderungen verunsichern Sam (S. 114) und Zara (S. 105) gleichermaßen, während die Verunsicherung sie auch psychisch herausfordert (Sam: S. 56f.; Zara: S. 105f.). Deswegen sehnen Sam und Zara sich nach Sicherheit oder Gewissheit, Sam in Form eines Skripts (S. 58) und Zara in Gestalt eines Maßstabs (S. 106). Ihre Eltern wiederum verspüren Ratlosigkeit (S. 63 bzw. S. 79) angesichts des ambivalenten Verhaltens von Sam (S. 63) und Zara (S. 79) und wünschen sich Stabilität (S. 79).

Auf einer zweiten Ebene widmet sich der Roman dem Thema *Transsexualität*: »Sam denkt sich, er will nie, unter keinen Umständen, ein Mädchen sein« (S. 87). Am Anfang steht das Verdrängen: Sam schwimmt in voller Montur (S. 10), spricht tief (S. 23), trägt übergroße Kleidung (S. 84), läuft breitbeinig (S. 86) und kauft ein Herrenhemd (S. 124) – Sam will normal sein (S. 84). Doch immer wieder geschieht das Erinnern: Sam schaut in den Spiegel (S. 19, 56, 114, 125), will Körperteile loswerden (S. 32), Gewicht abnehmen (S. 118) und Muskeln aufbauen (S. 164) – Sam ekelt sich (S. 120). Am Ende erfolgt das Durcharbeiten: Sam spricht mehrmals mit der Schulärztin (S. 37, 92; Broschüre: S. 95), nach mehreren Anläufen (S. 105, 116, 123) mit seinen Eltern (S. 135), mit einer Ärztin im Krankenhaus (S. 147), mit Paula (S. 155) und mit Zara (bzw. Zara mit ihm, S. 173) – Sam ist stolz (Trans-Pride-Flagge: S. 174) und fühlt sich neugeboren (S. 139, 149). Wie Sam ist wiederum Zara kein »Bilderbuchmädchen«, da sie Rollenbilder ebenfalls ins Wanken bringt (S. 119).

Auf einer dritten Ebene beschäftigt sich der Roman mit dem Thema *Freundschaft*: »Nie und nimmer hätte er gedacht, dass er, der größte und dunkelste Antiheld der ganzen Fischergasse, die einsame Zara mitsamt ihrem gigantischen Vogel Strauß im Kopf so richtig in sein Leben lassen würde, aber sie hat ihn tatsächlich herumgekriegt.« (S. 71) Die Freundschaft zwischen Sam und Zara *entsteht* vom Sehen über das Kontaktieren und Kennenlernen hin zum Begegnen und Berühren. Erst nimmt Zara Sam wahr (S. 5) und er sie (S. 6). Dann schreibt Zara Sam (S. 14) und er schreibt ihr zunehmend vertraulichere Fensternachrichten (S. 18), woraus sich ein immer vertrauensvolleres Schreibgespräch entwickelt – nach einigen Unterbrechungen vonseiten Sams, als Zara nach seinem Vorzeichenfehler fragt (S. 28, 56, 161). Danach sucht Zara die Begegnung mit Sam (S. 87f., 171) und er die Begegnung mit ihr (S. 176). Schließlich umarmt Zara Sam (S. 177). Die Freundschaft zwischen Sam und Sophia wiederum *vergeht*. Zu Beginn treffen sich Sam und Sophia im Park, aber er ist genervt (S. 23), weil sie ihn im Schwimmbad ausgelacht hat (S. 11). In der Schule sitzen Sam und Sophia zunächst nebeneinander (S. 32), aber wieder ist er genervt (S. 33), weil sie seine Körpermaße will (S. 32). Dann setzt sich Sophia von Sam weg (S. 70) und macht sich an Marco heran (S. 76), weil sie sauer ist, als Sam ihre Nachrichten auf dem Smartphone ignoriert (S. 63). Zur Aussprache treffen sich Sam und Sophia erneut im Park, aber obwohl Sam sich entschuldigt, will sie neben Marie-Louise sitzen bleiben, weil sie ihn nicht versteht (S. 85). Zum Schluss setzt sich Paula neben Sam (S. 90) und obwohl Sophia auf Sam zugeht, entscheidet er sich für Paula (S. 152), weil sie ihn so akzeptiert, wie er ist (S. 156). Die Freundschaft zwischen Zara und Miriam hingegen *besteht*: Sie bleibt stabil, auch als Zara Miriam einmal belügt (S. 44; Versöhnung: S. 59). Sie vertrauen einander Geheimnisse an, wenn Zara von ihrem Schwarm Josef und Miriam von ihrem Schwarm Alan berichtet (S. 19). Und während Miriam Zara schrittweise die Tipps gibt, Josef anzusprechen (S. 21), ihn zu besuchen (S. 60) und Sam das Geschenk zu überreichen (S. 170), enthüllt Zara Miriam scheibchenweise die Wahrheit über Sam (S. 12, 59, 150). Das *Gegenteil von Freundschaft* wiederum besteht zwischen Sam und Christopher. Christopher lacht Sam im Schwimmbad aus (S. 11) und zieht ihn im Klassenzimmer auf (S. 30). Nach einem buchstäblichen Schlagabtausch (S. 38) herrscht Waffenstillstand (S. 42). Als Christopher Sam wieder beschimpft (S. 74) und hänselt (S. 167), hält er mit Paula dagegen.

Auf einer vierten Ebene befasst sich der Roman mit dem Thema *erste Liebe:* »›Aber du bist so richtig verliebt in den Josef – jetzt schau nicht so, das sieht jedes Kind!‹« (S. 20) Zunächst denkt Zara an Josef (S. 13) und träumt von einem Kuss (S. 22). Dann spricht sie ihn an (S. 25) und besucht ihn zu Hause (S. 61), wo sie sich umarmen (S. 62). Daraufhin besuchen Zara und Josef das Kino, wo sie Händchen halten und sich küssen (S. 116). Schließlich stellt Zara Josef zu Hause vor (S. 141), geht mit ihm shoppen (S. 163) und spürt, dass es keine Beziehung für die Ewigkeit sein wird (S. 165). Miriam wiederum bekommt zu Beginn noch einen Korb von Alan (S. 20), erhält zum Schluss aber doch Kinokarten von ihm (S. 166).

Motive

Literarisch auffällig ist im Roman das sogenannte *Motiv des Sonderlings*. Der Begriff »Sonderling« bezeichnet einen Menschen, genauer einen Eigenbrötler, der gemessen am Durchschnitt eigenartig aussieht und sich eigenwillig verhält.[1] Das trifft auf Sam zu, wenn er Tränen vergießt (S. 5), Kopfhörer aufhat (S. 14) und XL-Kleidung trägt (S. 84). Ein Sonderling hat oft auch spezielle Interessen und besondere Ängste.[2] Das stimmt mit Sam überein, der transsexuell ist (S. 65), sich ekelt (S. 120) und ängstigt (S. 110), sich ausspricht (S. 135) und wohl die Geschlechtsumwandlung anstrebt (S. 147). Insgesamt verwenden Autor:innen das Motiv des Sonderlings, um für Toleranz und Akzeptanz zu werben.[3] Das passt zum Protagonisten Sam und zum Leitthema Transsexualität, greift der fiktive Roman doch real veränderte Rollenbilder und Geschlechtsidentitäten auf, um für gesellschaftliche Anerkennung zu werben.

Literarisch auffallend ist außerdem das *Schreiben vom Schreiben*. Die Autorin führt damit vor, welche Funktionen das Schreiben erfüllen kann. So nehmen Sam und Zara über ihre Fensternachrichten zuerst Kontakt auf (S. 14, 18), lernen sich kennen (S. 31, 33), drücken ihre Ängste aus (S. 33, 34) und spenden sich Mut (S. 36, 40), holen Rat ein (S. 40) und geben Rat (S. 41), stellen sich Aufgaben (S. 51, 87) und verabreden sich zuletzt (S. 176). Das Schreiben scheint sogar ansteckend zu sein (andere Fensternachrichten: S. 99, 139 f.).

Figuren

Der eine Protagonist des Romans, *Sam*, ein Junge in einem Mädchenkörper (S. 147), ist ein bis zwei Jahre älter als Zara (S. 5). Er hat dunkle Haare (S. 5), dunkle Wimpern (S. 171), braune Augen (S. 6), (später) eine gebrochene Nase (S. 38), einen glatten Hals, schmächtige Schultern, eine rundliche Brust und Hüfte (S. 156) und lange Beine (S. 125). Sam trägt Kopfhörer, dunkle Kapuzenpullis (S. 13), ein weißes T-Shirt (S. 66), eine Hose (S. 10), Boxershorts (S. 58), hellblaue Sneakers (S. 6) und (manchmal) einen Rucksack (S. 15). Er wohnt seit Sommer (S. 7) in der Fischergasse 43 (S. 13) im dritten Stock (S. 131) gegenüber von Zara (S. 5) und hat zuvor mindestens zwei Jahre (S. 9) in einem Haus mit Garten in derselben Stadt gelebt (S. 19). Sam ist ein eher unauffälliger Schüler am Kepler-Gymnasium (S. 13), zusammen mit seiner alten Freundin und Sitznachbarin Sophia (seit der Volksschule: S. 102), seinem Intimfeind bzw. Antipoden Christopher (S. 11) und (später) seiner neuen Freundin und Sitznachbarin Paula (S. 90). Weitere Klassenkamerad:innen sind Marie-Louise (S. 70) und Marco (S. 76); erwähnt werden zudem eine Turn- (35), Geo- (S. 38) und Englischlehrerin (S. 57) sowie eine Schulärztin (S. 35). Zu Sams Familie gehören sein Vater Gustav, seine Mutter Nadine (S. 15) und sein Terrier-Mischling Tante Ulli (S. 23); seine »Suppenoma« scheint verstorben zu sein (S. 6). Sam isst gern Müsli (S. 13), hört in seiner Freizeit Musik (S. 14), geht mit Tante Ulli Gassi (S. 22), besucht YouTube (S. 62) und spielt mit seinen Eltern Uno (S. 116). Insgesamt ist er eher introvertiert (gesenkter Blick: S. 6).

Die andere Protagonistin des Romans, *Zara Pataky* (S. 119), ist ein bis zwei Jahre jünger als Sam (S. 5). Sie hat graue Augen (S. 88) und einen leichten Brustansatz (S. 105). Zara trägt einen gelben Regenmantel (S. 6) oder eine rote Jacke (S. 88), (einmal) einen weißroten Schal (S. 100), eine senfgelbe Kapuzenweste, ein gestreiftes T-Shirt, blaue Jeans (S. 108), Turnschuhe (S. 131) und (manchmal) einen Rucksack (S. 79). Sie wohnt in der Fischergasse (S. 13) gegenüber von Sam. Zara ist eine eher gute Schülerin (S. 100) an einer Schule mit ihrer besten Freundin Miriam (S. 12) und ihrem Schwarm Josef (S. 21). Weitere Mitschüler:innen sind Miriams Schwarm Alan (S. 20), Filiz (S. 59), Paul, Nora (S. 101), Yasmin und Becky (S. 101); genannt werden außerdem eine Bio- (S. 92) und die Klassenlehrerin Frau Stradner (S. 101) sowie der Schularzt Demler (S. 45) und ein Hausmeister (S. 101). Zu Zaras Familie zählen ihre (wohl migränegeplagte) Mutter Annemarie Pataky (S. 79) und ihr (wohl getrennt lebender) Vater (S. 172); Verwandte sind ihr Onkel Janosch (S. 19) und ihre zwei Cousins (S. 154); ihr Großvater ist verstorben (S. 9). Zara isst ungern Spargel (S. 15), checkt in ihrer Freizeit ihr Smartphone (S. 17), schaut Filme, übernachtet bei Miriam (S. 21), spielt mit ihrer Mutter Mario Kart (S. 22) und hört Musik (S. 36). Insgesamt ist sie eher extrovertiert (neugieriger Blick: S. 6).

1 Vgl. Elisabeth Frenzel: Motive der Weltliteratur. Ein Lexikon dichtungsgeschichtlicher Längsschnitte. Stuttgart 2008, S. 631.
2 Vgl. ebd.
3 Vgl. ebd.

Erzähltechnik

Die wesentlichen *Schauplätze* des Romans sind die Fischergasse, in der Sam und Zara wohnen (S. 13), der Fischerpark, wo sich Sam mit Sophia trifft (S. 23), und die Schulen, die Sam (S. 30) und Zara besuchen (S. 44). Hinzu kommen Miriams (S. 21), Josefs (S. 60) und Paulas Zuhause (S. 168), die Praxis von Dr. Schwarz, in der Sams Nase verarztet wird (S. 42), das Kino, das Zara mit Josef besucht (S. 113), das Einkaufszentrum, in dem Josef mit Zara shoppen geht (S. 124), das Krankenhaus, wo Sam beraten und Josef behandelt wird (S. 142), die Konditorei, wo Sams Eltern mit ihm das neue Leben feiern (S. 148), die Autobahnbrücke, die Sam mit Christophers Gang aufsucht (S. 70), die Bushaltestelle, wo sich Sam und Zara sehen (S. 6), und schließlich das Auto von Sams (S. 10) bzw. Zaras Eltern (S. 116) und ein Bus (S. 141).

Geschildert wird der *Zeitraum* eines Winterhalbjahrs (S. 8) von September (S. 18) bis Dezember (S. 121) oder genauer bis Weihnachten (S. 173), das für die Geburt Jesu ebenso steht wie für die Geburt des neuen Sam. Das erzählte Geschehen nimmt 184 Kapitel ein, wobei die einzelnen Kapitel fett mit dem Namen des jeweiligen Erzählers (Sam) bzw. der jeweiligen Erzählerin (Zara) überschrieben sind (jeweils 92 Kapitel). Die sehr unterschiedliche Länge der Kapitel rhythmisiert die Handlung, wobei besonders kurze Kapitel die Gleichzeitigkeit von Ereignissen simulieren. Allen Kapiteln nachgestellt ist eine Danksagung (S. 178).

Die Kapitel weisen eine *chronologische Struktur* auf, erzählen also Sams und Zaras Leben (im epischen Präsens) von den Sommer- bis zu den Weihnachtsferien. Nur vereinzelt werden Handlungssequenzen rückblickend (im epischen Präteritum) geschildert (z. B. S. 11).

Das Geschehen wird mit Blick auf die *Narratologie* aus der Er- bzw. Sie-Perspektive der Protagonist:innen Sam und Zara erzählt (dank personalen Erzählverhaltens mit Innensicht in die Erzähler:innen und mit Nähe zu ihnen). Die Erzähler:innen berichten von den Ereignissen und kommentieren sie. Die Personenrede wird direkt und mit Anführungszeichen wiedergegeben. Akronyme (S. 10), Fensternachrichten (S. 14) und Betonungen (S. 99) stehen in Versalien. Zu den wiederkehrenden Textsorten gehören Liedtexte (z. B. S. 36) und Listen (z. B. S. 41). Auch Frowneys (S. 49) und Smileys (S. 130) finden öfter Verwendung.

Hinsichtlich des *Genres* handelt es sich um einen Bildungsroman (Coming-of-Age-Roman), der die Entwicklung eines sich selbst unbewussten Jugendlichen hin zu einem selbst- und verantwortungsbewussten Erwachsenen schildert.[4] Entsprechend verhält sich Sam erst kindisch, als er erwachsen tut (S. 24), und handelt später erwachsen, als er Verantwortung übernimmt (S. 123). Im Bildungsroman verläuft der Weg über wichtige Stationen, Herausforderungen und Krisen hinweg.[5] Bei Sam entspricht das seiner (wachsenden) Freundschaft mit Zara (und Paula) und seiner (schwindenden) Feindschaft mit Christopher (und Freundschaft mit Sophia). Insgesamt lässt sich der Bildungsroman meist in drei Teile gliedern, die nach Johann Wolfgang von Goethe die Jugendjahre, Wanderjahre und Meisterjahre umfassen.[6] Augenfällig wird das vielleicht an Sams Beziehung zu Sophia, neben der er sitzt (S. 32; Freundschaft), die er neben sich vertreibt (S. 70; Entfremdung) und deren Platz Paula einnimmt (S. 90; Bejahung). Bildungsziel ist am Ende, sich seiner selbst bewusst zu werden.[7] Deutlich zu erkennen ist das an Sams finalen Gedanken: »Er weiß jetzt, dass er erwachsen und nicht erwachsen gleichzeitig sein kann.« (S. 177)

Sprache

Der Roman ist eher von kurzen Sätzen und parataktischem Satzbau geprägt. Stellenweise scheint dabei *österreichisches Deutsch* durch: »Sessel« für Stuhl (S. 13), »eh« für ohnehin (S. 16), »Kopfpolster« für Kopfkissen und »Mistkübel« für Mülleimer (S. 17), »in der Früh« für am Morgen (S. 21), »Licht abdrehen« für Licht ausschalten (S. 28), »Stiegen« für Treppen (S. 52), »Angabenzettel« für Aufgabenblatt (S. 71), »Arbeit verflecken« für Arbeit versemmeln (S. 84), »anläuten« für klingeln (S. 169) und »heuer« für dieses Jahr (S. 171).

Manchmal tauchen im Roman *intertextuelle Bezüge* zu fiktiven Figuren und *Verweise auf reale Personen* auf. Zum einen charakterisieren sie die Protagonist:innen, zum Beispiel Zara als schlau (Sherlock Holmes, S. 8) und schnell (Usain Bolt, S. 61) oder Sam als aufgeregt (James Bond, S. 24) und bemüht (Spiderman, S. 93). Zum anderen signalisieren sie Wunschvorstellungen, etwa gut schreiben (Shakespeare, S. 71), gut malen (Picasso, S. 74) oder

4 Vgl. Bildungsroman. In: Günther und Irmgard Schweikle: Metzler Literaturlexikon. Begriffe und Definitionen. Stuttgart 1990, S. 55.
5 Vgl. ebd.
6 Vgl. ebd.
7 Vgl. ebd.

gut begreifen zu können (Adams und die Sinnfrage, S. 141).

Gelegentlich stellen *Realitätspartikel* die Verbindung zur Lebenswirklichkeit der Leser:innen her (Mario Kart, S. 22; YouTube, S. 59; Uno, S. 116).

Seltener kommentieren *Liedtitel* und *Liedtexte* eine Situation, beispielsweise »Help« (S. 58) von den Beatles (S. 58) oder »Don't Worry« (S. 111) ursprünglich von Bobby McFerrin, die Auskunft über Sams jeweilige Gefühlslage geben.

Insgesamt liegt die sprachliche Stärke in der *Jugendbezogenheit*, die sich eben durch Lesbarkeit und Anschlussfähigkeit auszeichnet und laut Danksagung vielleicht auf das Institut für Jugendliteratur bzw. dessen Förderprogramm »Schreibzeit« zurückzuführen ist (S. 178). Damit hat der Roman beste Chancen, seine Wirkung bei jugendlichen Leser:innen zu entfalten.

Spannungsbögen

Im Gesamten baut der Roman die *Spannung* anhand einer großen Frage auf: Was ist mit Sam? Oder auch: Wer ist er? Dabei ist die Irreführung der Leser:innen schon durch die Verwendung des Namens »Sam« und des entsprechenden Pronomens »er« von Beginn an so meisterhaft, dass die Beantwortung der Frage erst am Ende erfolgt. Sam steckt in der Pubertät und hat eine Identitätskrise: Er ist ein Junge in einem Mädchenkörper (S. 147), der nach dem Sinn des Lebens fragt (S. 82).

Im Einzelnen entsteht Spannung in dreifacher Hinsicht. Zunächst wird ein *Rätselgeschehen* (*mystery*) präsentiert, das bei den Leser:innen eine große Ergänzungsfrage aufwirft, zum Beispiel: Wer ist Sam? Wer ist Zara? Was interessiert Zara an Sam? Warum ist Sam desinteressiert an Zara?

Dann werden *Spannungssequenzen* (*suspense*) gesetzt, was bei den Leser:innen Entscheidungsfragen provoziert, etwa: Wird Sam sich seinen Eltern anvertrauen? Werden sich Sam und Zara anfreunden? Werden Sam und Sophia getrennte Wege gehen? Werden Zara und Josef zusammenkommen?

Schließlich sorgen *Überraschungsmomente* (*surprise*) dafür, dass die Leser:innen urplötzlich mit weiteren Fragen konfrontiert werden, beispielsweise: Warum hasst Sam den Schwimmunterricht? Was will Zara an der Haltestelle von Sam? Was machen Sam und Zara im Krankenhaus?

Alle diese und auch weitere Fragen werden weitgehend beantwortet, sodass ein *geschlossenes Ende* verbleibt, was die Leser:innen befriedigt zurücklassen dürfte: »Die negativen Erfahrungen werden mehr werden, aber die positiven auch. Und es ist [sic!] macht auch nichts, wenn er sich jetzt noch nicht zu hundert Prozent mag, aber irgendwann wird er an den Punkt kommen, wo er zumindest näher dran sein wird.« (S. 177)

Stilmittel

Der Roman enthält zahlreiche Stilmittel, die das Lesevergnügen weiter steigern und weitere Bedeutungsschichten erschließen. Dazu zählt auch das *Symbol des Seeigels*. Über dieses Tier muss Zara ein Referat halten: »[m]itten in der Referatsvorbereitung über Seeigel« (S. 7). Mit dem Referat will sie Josef beeindrucken: »Sie stellt sich [...] vor, wie sie das Referat über Seeigel hält und Josef danach zu ihr sagt: ›Du bist die Einzige, die so ein Thema interessant machen kann!‹ und dann würden sie sich in die Augen schauen und sie würde ihn küssen« (S. 41). Doch das Referat verfehlt sein Ziel: »Josef gefällt überhaupt nichts außer seiner Schokolade. Er klatscht zwar mit den anderen mit, aber nicht besonders enthusiastisch, und den Blick hebt er auch nicht.« (S. 43) Zara reagiert wie der Seeigel, sensibel und schutzbedürftig:

- Sensibilität: »Sie wird erzählen, dass Seeigel fünf Beine haben, mit denen sie sogar Licht wahrnehmen können, so, als hätten sie Augen in ihren Füßen.« (S. 41)
- Schutzbedürfnis: »Seeigel reden ihr ganzes Leben lang nie miteinander und berühren sich auch nicht, nicht einmal zum Sex, was gut ist, weil sie Stacheln haben.« (S. 29)

Dasselbe lässt sich übrigens auch über Sam sagen, der gerade ebenso verschlossen und verletzlich ist wie der Seeigel. Dass er überdies den Reichtum (Maul = Gier = Reichtum) und das Glück (Stacheln = Sonne = Glück) seiner Freundschaft mit Zara erfährt, zeugt von der Bedeutungsvielfalt des Symbols.

DEUTUNGSPERSPEKTIVEN

u.4

»Nicht so das Bilderbuchmädchen« erzählt, wie bereits der Titel nahelegt, die Geschichte zweier ungewöhnlicher Protagonist:innen auf ihrer *Suche nach Rolle und Identität*. Über Sam fordert der Roman erst zu einem Gedankenexperiment auf: »›Stellen Sie sich vor, Sie haben eine Packung Apfelsaft und eine Packung Orangensaft und der Inhalt ist vertauscht worden. Ist dann da, wo Apfelsaft draufsteht, plötzlich Apfelsaft drin?‹« (S. 147) Über Zara drückt der Roman dann aufkommende Zweifel aus: »›Ich habe Zweifel am System. Ich will, dass alle gut finden können, was sie gut finden, unabhängig davon, wer sie sind oder wer das sonst mag oder nicht mag.‹« (S. 123) Über Miriam zieht der Roman schließlich ein Resümee: »›[D]u bringst mein Rollenbild ganz schön ins Wanken.‹« (S. 119) Deswegen sind Sam und Zara (wie übrigens die Autorin: S. 178) eigentlich keine Bilderbuchmädchen und sollten doch die eigentlichen Bilderbuchmädchen sein: »›Achtung. Kalenderspruch! Ich glaube, in Wirklichkeit bist du DAS Bilderbuchmädchen. Mindestens so wie ich. Und alle anderen Mädchen der Welt. Und Jungs auch. Alles Bilderbuchmädchen.‹« (S. 120)

Daran anschließend erzählt »Nicht so das Bilderbuchmädchen« die Geschichte zweier Protagonist:innen auf ihrer *Suche nach dem Sinn des Lebens*. Wieder fragt der Roman zunächst über Sam: »›Was ist der Sinn des Lebens?‹« (S. 82). Darauf antworten dann Zara, Paula, Josef und zwei Nachbarn:

- Zara: »Sie dachte bisher, ein Sinn des Lebens sei, möglichst glücklich zu sein.« (S. 82) / »›Ganz klar Erdnussbutter!‹« (S. 82) / »Aber direkt danach kommt, man selbst zu sein und zu wissen, dass das reicht.« (S. 174)
- Paula: »›Ich wäre gern glücklich, aber ich brauch keine Karriere oder so. Nur einen Job, der mir Spaß macht. Und irgendwann eine harmonische Familie und einen harmonischen Lhasa Apso.‹« (S. 102)
- Josef: »›Manchmal, wenn wir wandern gehen, kommen wir nicht ganz bis zum Gipfel. [...] Was ich sagen will, ist, dass ich es immer schön gefunden hab, auch wenn wir nicht bis ganz nach oben gekommen sind. Und das kommt mir wichtig vor.‹« (S. 165)
- Nachbar 1: »Sinn des Lebens = das Beste daraus machen.« (S. 99)
- Nachbar 2: »42 (the answer to the ultimate question of life, the universe and everything)« (S. 141)

Wieder über Sam stellt der Roman schließlich fest, »dass die Leute erstaunlich unterschiedliche Vorstellungen davon haben, was der Sinn des Lebens ist« (S. 141). Damit schafft es Agnes Ofner, in ihren Leser:innen einen Prozess des Nachdenkens anzustoßen und vielleicht den Übergang in bzw. das *Einwirken auf die Realität* zu bewerkstelligen, nämlich sich und andere so zu akzeptieren, wie man ist und wie sie sind.

METHODENKISTE

u.5

Die folgende »Methodenkiste« ist als Pool zur Planung einer Unterrichtseinheit zum Roman »Nicht so das Bilderbuchmädchen« gedacht. Sie verbindet anzustrebende Kompetenzen im Deutschunterricht mit möglichen Textumgangsweisen in einem Unterricht zum Buch. Dabei beziehen wir uns auf die von der Kultusministerkonferenz (KMK) verabschiedeten »Bildungsstandards für das Fach Deutsch für den Mittleren Bildungsabschluss«, die die verbindliche Grundlage für alle in den Ländern zu entwickelnden Lehr- und Bildungspläne in der Sekundarstufe I darstellen.

In der rechten Spalte geben wir jeweils mögliche Beispiele für eine konkrete Umsetzung im Unterricht. Hier finden sich auch Verweise zu den Kopiervorlagen und Infoblättern in diesem Heft. Zahlreiche methodische Möglichkeiten sprechen mehrere Bildungsstandards an. Wir haben uns zum Zwecke der Übersichtlichkeit jeweils für einen Bildungsstandard des Bereiches 3.3 (»Lesen – mit Texten und Medien umgehen«) entschieden. Häufig lassen sich auch evidente Bezüge zu den Bildungsstandards der anderen Bereiche herstellen.

Darüber hinaus stehen die vorgeschlagenen Methoden in Verbindung mit einem fächerübergreifenden Ansatz (v. a. mit Biologie, Religion, Ethik, Bildender Kunst und Musik), den Sie je nach Klassensituation, Vorwissen und Interessen der Schüler:innen modifizieren können.

Bildungsstandards	Methoden	Beispiele
→ Verschiedene Lesetechniken beherrschen		
• Über grundlegende Lesefertigkeiten verfügen: flüssig, sinnbezogen, überfliegend, selektiv, navigierend lesen	• Ein Kapitel bzw. eine besonders wichtige, lustige oder spannende Stelle (vor)lesen • Die Auswahl individuell begründen	→ k.3, k.6 • Weitere Textstellen nach Wahl
	• Ein Kapitel oder einen Textausschnitt mit verteilten Rollen oder gestaltend vorlesen und aufnehmen	→ k.3, k.6 • Weitere Textstellen nach Wahl
	• Bestimmte Textinhalte auffinden und ein den Text erschließendes Unterrichtsgespräch anhand von Leitfragen führen	• Hilfsmittel Zeilometer → k.1 → k.2–k.9
→ Strategien zum Leseverstehen kennen und anwenden		
• Leseerwartungen und -erfahrungen bewusst nutzen	• Cluster oder Mindmap erstellen; damit einhergehend eine Leseerwartung aufbauen, Vorwissen aktivieren; ein Lesemotiv formulieren	• Figurenkonstellation → i.3 • Begriff → k.2 • Steckbriefe als Mindmaps
	• Bezüge zur eigenen Lebenswirklichkeit herstellen	• Vermutungen, Erfahrungen, Urteile → k.2–k.9 • Freundschaft → k.5 • Liebe → k.6 • Pubertät → k.7 • Sexualität → k.8
• Textschemata erfassen, z.B. Textsorte, Aufbau des Textes	• Die Erzählkonstruktion analysieren	• Anlass, Absicht, Zielgruppe → i.2 • Erzähltechnik → k.3, k.4 • Genre → k.9
• Verfahren zur Textstrukturierung kennen und selbstständig anwenden	• Wesentliche Textstellen kennzeichnen	• Lesetabelle → k.2 • Markierung → k.6 • Lesezettel, Lesetagebuch
	• Den Text gliedern	• Tabellarische Kapitelübersicht → i.4 • Lesetabelle → k.2 • Tabelle → k.3, k.4 • Diagramm → k.5, k.6, k.8 • Kärtchen → k.7
	• Kapitelüberschriften formulieren, austauschen und diskutieren	• Buchtitel → k.2, k.9 • Überschriften zu wichtigen Kapiteln
	• Fragen aus dem Text ableiten	• Zu Zitaten und Textstellen → k.2–k.9 • Zur eigenen Lebenswirklichkeit → k.2–k.9
	• Bezüge zwischen Textteilen herstellen	• Paratext und Inhalt → k.2 • Sprache und Inhalt → k.3, k.4 • Form und Inhalt → k.3, k.4, k.9
Verfahren zur Textaufnahme kennen und nutzen	• Texte und Textabschnitte zusammenfassen	• Tabellarische Kapitelübersicht → i.4 • Lesetabelle → k.2
	• Eine Inhaltsangabe auch mithilfe von Satzstreifen oder anderen Hilfsmitteln erstellen	• Tabellarische Kapitelübersicht als Puzzle → i.4
	• Eine wichtige Textstelle visualisieren	• Rollenspiel → k.3 • Diagramm → k.5, k.6, k.8 • Zeichnung von Sams und Zaras Wohnung
	• Fragen zum Text stellen und beantworten	→ k.2–k.9 • Zu Inhalt, Form und Sprache
	• Einen Lückentext bearbeiten	• Inhaltsangabe als Lückentext → u.1 • Lückentexte zu wichtigen Kapiteln
	• Stichwörter formulieren und damit ein Kapitel nacherzählen	• Lesetabelle → k.2 • Silbenrätsel → k.4 • Tabelle → k.3, k.4 • Diagramm → k.5, k.6, k.8 • Kärtchen → k.7

Bildungsstandards	Methoden	Beispiele
→ Literarische Texte verstehen und nutzen		
• Ein Spektrum altersangemessener Werke – auch Jugendliteratur – bedeutender Autorinnen und Autoren kennen	• Leben und Werk der Autorin kennenlernen	• Autorin → **i.1** • Interview → **i.2**
	• Thematisch verwandte Jugendromane kennenlernen	→ **i.6** → www.beltz.de/lehrer
• Zentrale Inhalte erschließen	• Einsatz anderer Medien / inhaltlich entsprechend orientierter Zusatztexte zur Erarbeitung der Buchthemen	• Inhaltsangabe → **u.1** • Interview → **i.2** • Figurenkonstellation → **i.3** • Tabellarische Kapitelübersicht → **i.4** • Weiterführende Literaturhinweise → **i.5** • Internet → **k.2–k.5, k.8** • Lied → **k.8** • Intertexte (z.B. McFerrin: »Don't Worry«, Adams: »Per Anhalter durch die Galaxis«)
• Wesentliche Elemente eines Textes erfassen, z.B. Figuren, Raum- und Zeitdarstellung, Konfliktverlauf	• Den zeitlichen Aufbau des Buchs erarbeiten und darstellen	• Tabellarische Kapitelübersicht → **i.4** • Lesetabelle → **k.2** • Tabelle → **k.3, k.4** • Diagramm → **k.5, k.6, k.8** • Sapnnungsbögen und Spannungsfragen
	• Eine Figurenkonstellation / ein Soziogramm erarbeiten	• Figurenkonstellation → **i.4, k.3, k.5, k.6, k.8** • Steckbriefe • Figurenpaten
	• Die Beziehung zwischen Figuren herausarbeiten	• Figurenkonstellation → **i.4** • Sam und Zara → **k.3** • Sam und Christopher, Sam und Sophia, Zara und Miriam → **k.5** • Zara und Josef, Miriam und Alan → **k.6** • Sam und seine Eltern → **k.8** • Sophia und Marco • Sam oder Zara und die Lehrerinnen
	• Figuren charakterisieren; relevante Textstellen mithilfe der Kapitelübersicht auffinden	• Tabelle → **i.4, k.3** • Schreibgespräch → **k.4** • Figureninterview • Figurenbiografie
	• Handlungsräume analysieren, auch hinsichtlich der Symbolik	• Augen und Fenster • Advent und Weihnachten
	• Ein Thema bzw. Motiv über das ganze Buch hinweg verfolgen	• Romantitel → **k.2, k.6, k.9** • Schreiben vom Schreiben, Motiv des »Sonderlings« → **k.4** • Freundschaft → **k.5** • Liebe → **k.6** • Pubertät → **k.7** • Sexualität → **k.8**
	• Den Konfliktverlauf zwischen Figuren grafisch bzw. verbal darstellen	• Sam und Christopher, Sam und Sophia → **k.5** • Diagramme zu Sam oder Zara und den Eltern, zu Paula und Christopher
• Wesentliche Fachbegriffe zur Erschließung von Literatur kennen und anwenden	• Die Erzählperspektive wechseln: eine Textstelle aus anderer Perspektive erzählen	• Josef → **k.6** • Innere Monologe und Tagebucheinträge • Perspektiven von Sophia, Paula oder Christopher auf Sam, von Miriam oder Josef auf Zara
	• Leerstellen des Buchs füllen	• Interview → **i.2** • Sams »Suppenoma« • Zaras Vater • Fortgang der Handlung (Transsexualität)
	• Den Spannungsverlauf untersuchen / eine Spannungskurve erstellen	• Erwartungen → **k.2, k.9** • Spannungsbögen und Spannungsfragen

Bildungsstandards	Methoden	Beispiele
• Wesentliche Fachbegriffe zur Erschließung von Literatur kennen und anwenden (Forts.)	• Einen inneren Monolog einer Figur verfassen	• Josef → **k.6** • Zu jeder Figur möglich
• Sprachliche Gestaltungsmittel in ihren Wirkungszusammenhängen und in ihrer historischen Bedingtheit erkennen, z.B. Wort-, Satz- und Gedankenfiguren, Bildsprache (Metaphern)	• Die Namen von Figuren oder Schauplätzen unter die Lupe nehmen	• Buchtitel → **k.2, k.6, k.9**
	• Sprachliche Bilder/Metaphern und mögliche Symbole im Text erkennen, ihre Bedeutung verstehen und über ihre Leistungen diskutieren	• Seeigel → **k.3** • Flagge → **k.8** • Augen und Fenster • Advent und Weihnachten • Apfelsaft und Orangensaft
	• Redeformen (Figurenrede, Erzählerrede) identifizieren	• Erzähltechnik → **k.4**
	• Stilaspekte untersuchen	• Österreichisches Deutsch → **k.4** • Jugendsprache und Jugendroman
• Eigene Deutungen des Textes entwickeln, am Text belegen und sich mit anderen darüber verständigen	• Eine kontroverse Diskussion zu bestimmten Aspekten oder Figuren führen	• Stummes Schreibgespräch → **k.4** • Gespräch → **k.5** • Kärtchen → **k.7** • Fünf-Finger-Methode → **k.9** • Placemats
	• Mittels Alter-Ego-Technik die möglichen Gedanken von Figuren darstellen	• Rollenspiel → **k.3** • Gespräch → **k.5** • Innerer Monolog → **k.6** • Blogpost → **k.7** • Standbild • Brief an eine Figur
	• Eine Rezension zum Buch verfassen	• Fünf-Finger-Methode → **k.9** • Rezension als Text, Audio oder Video
• Analytische Methoden anwenden	• Den Inhalt eines Textabschnitts rekonstruieren und wiedergeben	• Tabellarische Kapitelübersicht → **i.4** • Lesetabelle → **k.2** • Rekonstruktion → **k.6** • Klappentext → **k.9**
	• Den antizipierten und realen Handlungsverlauf vergleichen	• Erwartungsabfrage → **k.2, k.9** • Fortsetzung → **k.6** • Fünf-Finger-Methode → **k.8**
	• Handlungsmotive einer Figur herausarbeiten	• Schreiben → **k.4** • Freundschaft und Feinschaft → **k.5** • Liebe → **k.6** • Erwachsenwerden und Erwachsensein → **k.7** • Transsexualität → **k.8**
	• Den thematischen Hintergrund des Buchs erhellen	• Freundschaft und Mobbing → **k.5** • Liebe → **k.6** • Pubertät → **k.7** • Transsexualität → **k.8**
	• Eine gemeinsame Reflexion der Lektüre durchführen	• Erwartungsabfrage → **k.2, k.9** • Fünf-Finger-Methode → **k.8** • Offenes Abschlussgespräch
• Produktive Methoden anwenden	• Einen Comic oder eine Fotostory zu einem Kapitel des Buchs erstellen	• Statt Diagrammen → **k.5, k.6, k.8** • Zu einzelnen Kapiteln oder zum Roman
	• Ein fiktives Interview mit einer Figur führen	• Mit Sam und Zara am Ende • Mit Schulärztinnen oder Krankenhausärztin
	• Einen fiktiven Dialog zwischen Figuren verfassen	• Sam und Sophia → **k.5** • Zwischen Sams und Zaras oder Paulas Eltern • Zwischen Sophia und Marco • Zwischen Miriam und Alan

Bildungsstandards	Methoden	Beispiele
	• Gedanken und Gefühle der Figuren imaginieren	• Rollenspiel → k.3 • Gespräch → k.5 • Blogpost → k.7 • Sams, Zaras oder Paulas Eltern
	• Das Buch weiterdenken und -schreiben	• Neues letztes Kapitel (»ein Jahr später«)
	• Einen Brief einer Figur an eine andere Figur verfassen	• Sam an Sophia • Zara an Josef • Miriam an Alan
	• Eine Reportage bzw. einen Zeitungsbericht über eine Textstelle verfassen	• Bericht (Autobahnbrücke)
	• Ein literarisches Rollenspiel z.B. zu einer Szene durchführen	• Rollenspiel → k.3 • Gespräch als Rollenspiel → k.5
	• Einen Handlungsort oder eine Szene malen, zeichnen oder nachbauen	• Sams und Zaras Zimmer
	• Eine thematische Aktion durchführen	• Plakat oder Flyer → k.8 • Infoveranstaltung »Transsexualität« • https://queerformat.de
	• Ein Rätsel zu einem Kapitel oder zum Buch erstellen bzw. lösen	• Spannungsfragen • Kreuzwort-, Silbenrätsel
	• Ein alternatives Titelbild erstellen	• Eigenes Cover für Lesetabelle, Lesezettel, Lesetagebuch
	• Ein Plakat bzw. eine Collage zum Buch erstellen	• Plakat → k.8 • Zaras Referat über Seeigel • Themen- und Motivplakate
	• Ein Hörspiel verfassen	• Zu rasanten Textstellen • Intertextuelle Bezüge als Playlist
• Handlungen, Verhaltensweisen und Verhaltensmotive bewerten	• Sympathie/Antipathie zu den Figuren thematisieren	• Lesetabelle → k.2 • Erwartungsabfrage → k.2, k.9 • Freundschaft und Feindschaft → k.5 • Fünf-Finger-Methode → k.8 • Lesezettel, Lesetagebuch
	• Zu den Figuren Stellung beziehen, ihr Verhalten und Handeln bewerten und kommentieren	• Lesetabelle → k.2 • Figuren → k.2–k.9 • Fünf-Finger-Methode → k.8 • Lesezettel, Lesetagebuch
→ Sach- und Gebrauchstexte verstehen und nutzen		
• Hintergrundinformationen suchen, verstehen, auswerten und vergleichen	• Eine Collage erstellen	• Statt Plakat → k.8 • Alternatives Cover • Cover für Lesetabelle, Lesetagebuch • Autorin, Themen, Motive
→ Medien verstehen und nutzen		
• Informationsmöglichkeiten nutzen	• Internet- und Buchrecherche zu Themen des Buchs	• Weiterführende Literaturhinweise → i.5 • Internet → k.2–k.5, k.8
• Medien zur Präsentation und ästhetischen Produktion nutzen	• Powerpoint-Präsentationen bzw. Hypertexte erarbeiten, vorstellen und reflektieren	• Schauplätze • Themen • Motive • Intertextuelle Bezüge und Verweise

u.6 VORSCHLAG FÜR EINE UNTERRICHTSEINHEIT

Wir möchten Ihnen hier ein Grobraster für eine Unterrichtseinheit zu »Nicht so das Bilderbuchmädchen« vorstellen, das nach dem Grundsatz »erschließend, nicht erschöpfend« vorgeht. Die Einheit besteht, unterstützt durch die Infoblätter und Kopiervorlagen[1] aus diesem Heft, aus drei Modulen:

- Modul A: Vor dem Lesen (Paratext)
- Modul B: Während des Lesens (aspektorientiert)
- Modul C: Nach dem Lesen (ganzer Roman)

Um den Überblick über den Roman zu behalten, bietet sich der Einsatz einer Lesetabelle an (→ **k.2**), in der die Schüler:innen kapitelweise Stichworte zu einzelnen Aspekten notieren. Auch eine Erweiterung zu einem Lesetagebuch mit mehr Raum für Reflexionen und Illustrationen ist denkbar. Die Ergebnisse können immer wieder (auch im Unterricht) herangezogen werden. Damit ist ihre Sicherung gewährleistet. Den ganzen Roman sollten die Schüler:innen möglichst nach **k.6** gelesen haben.

Modul A: Vor dem Lesen
(ca. 2 Unterrichtsstunden)

- Lesekompetenz: Paratext, Internet
- Textanalyse: Begriff, Titel, Klappentext, Interview
- Übertragung auf Lebenswirklichkeit: eigene Vermutungen und Erfahrungen
- Produktion: Cover, Zeilometer, Lesetabelle

→ Bearbeitung mithilfe der Kopiervorlagen **k.1–k.2**
→ Weitere Anregungen aus der »Methodenkiste« in diesem Heft → **u.5**

Modul B: Während des Lesens
(ca. 12 Unterrichtsstunden)

- Lesekompetenz: ganzer Roman, Internet
- Textanalyse: Motive Schreiben und »Sonderling«, Themen Freundschaft, Liebe, Pubertät und Transsexualität
- Übertragung auf Lebenswirklichkeit: eigene Vermutungen und Erfahrungen, eigene Schule
- Produktion: Rollenspiel, Schreibgespräch, Gespräch, Ranking, Blogpost, Plakat oder Flyer

→ Bearbeitung mithilfe der Kopiervorlagen **k.3–k.8**
→ Weitere Anregungen aus der »Methodenkiste« in diesem Heft → **u.5**

Modul C: Nach dem Lesen
(ca. 2 Unterrichtsstunden)

- Lesekompetenz: ganzer Roman, Internet
- Textanalyse: Titel, Genre, Klappentext
- Übertragung auf Lebenswirklichkeit: eigene Vermutungen, Erfahrungen und Urteile
- Produktion: Klappentext, Fünf-Finger-Methode

→ Bearbeitung mithilfe der Kopiervorlage **k.9**
→ Weitere Anregungen aus der »Methodenkiste« in diesem Heft → **u.5**

1 Jede Kopiervorlage genügt für eine Doppelstunde, ist nach den Lernzielstufen des Deutschen Bildungsrats mit den entsprechenden Operatoren formuliert und nach einem Stundenverlauf von 1. Einstieg, 2. Erarbeitung (Präsentation nach jeder Nr. 2 möglich), 3. Sicherung, 4. Transfer und 5. Hausaufgabe formatiert. Wechsel der Sozialform (Unterrichtsgespräch, Einzel-, Partner-, Gruppenarbeit) überwiegend nach eigenem Ermessen.

Infoblätter

© Sophie Löw

DIE AUTORIN AGNES OFNER

i.1

Agnes »Agi« Ofner, geboren 1989, ist eine österreichische Autorin und Illustratorin mit einer großen Leidenschaft für Kinder- und Jugendliteratur. Sie ist in der Südsteiermark aufgewachsen, wo sie nach eigenem Bekunden gern durch die Wälder »strawanzt« ist, und hat nach dem Abitur in Wien Sprachen und Grafikdesign studiert. Es erschienen bereits einige Bilder- und Kinderbücher von ihr, in denen sich ihre Liebe zur Natur ebenso widerspiegelt wie ihr Glaube an die Kraft des Humors.

Dinge, die Ofner zum Lächeln bringen:

- meine Tochter
- Bücher
- das Meer
- Hunde
- die meisten anderen Tiere
- vegane Lasagne
- kaltes Wasser, in dem ich das ganze Jahr über schwimmen kann
- Waldspaziergänge
- Momente, die mich an das Gute im Menschen glauben lassen

Ofners Lieblingsgeräusche:

- Schiffshörner
- das Knirschen von frischem Schnee
- Vögel im Frühling

Ofner träumt davon:

- einen Hund zu adoptieren
- Segeln zu lernen
- für immer Bücher zu schreiben und zu illustrieren

Homepage

www.agnesofner.com

Bücher

- **Nicht so das Bilderbuchmädchen.** Weinheim: Beltz, 2024.
- **Ein kleines Geheimnis – Spiel mit mir und ich verrat es dir!** München: arsEdition, 2024.
- **Willst du tanzen?** München: cbj, 2023.
- **Grizzlybär und Hasenfuß.** Innsbruck: Tyrolia-Verlag, 2022.

Illustrationen

- Jens Jörg Rieck: **Kolosso.** Wien: Jungbrunnen, 2022.
- Christine Hubka: **Und doch sind alle Äpfel rund ...** Innsbruck: Tyrolia-Verlag, 2021
- Gottfried Haufe: **Auf sie mit Gedöns!** Freiburg: kladde|buchverlag, 2020.
- Martina Fuchs: **Klarissa von und zu Karies.** Innsbruck: Tyrolia-Verlag, 2019.

Begründung der Jury Österreichischer Kinder- und Jugendbuchpreis

»In dieser berührenden Geschichte geht es um Geschlechterrollen und -bilder und darum, wie es ist, mitten in der Pubertät zu sein und mehr Fragen als Antworten zu haben. Die Perspektiven von Zara und Sam wechseln einander ab, wobei ihre sehr unterschiedliche Weltsicht glaubwürdig deutlich wird. Agnes Ofner beherrscht sowohl den Tonfall von Sams Ernsthaftigkeit als auch Zaras Leichtigkeit, die mit Sätzen voller Komik und Selbstironie daherkommt. Ein beeindruckendes jugendliterarisches Debüt, mit klug gebauter Handlung, starken Bildern und sprachlicher Finesse. Und einer recht überraschenden Wendung am Schluss.«

https://www.beltz.de/kinderbuch_jugendbuch/produkte/details/51981-nicht-so-das-bilderbuchmaedchen.html (Stand: 02.04.2024)

i.2

INTERVIEW MIT AGNES OFNER: »LASST EUCH NICHT UNTERKRIEGEN. AUCH WENN IHR AUF WIDERSTAND STOSST«

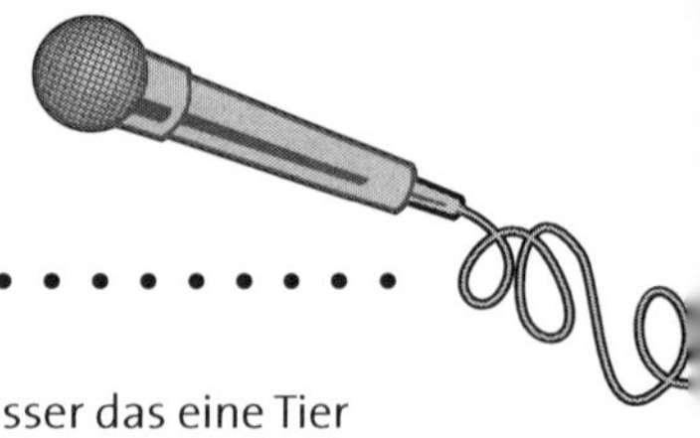

Agnes Ofner über die Entstehung eines Romans, das Eigenleben der Figuren, das ganze Geschlechter-Identitäten-Durcheinander und den Sinn des Lebens

Liebe Frau Ofner, waren Sie früher ein Bilderbuchmädchen?

(lacht) Lange Zeit hätte ich diese Frage wahrscheinlich mit einem klaren »Nein« beantwortet. Inzwischen würde ich gern sagen: »Ja! Ja, ich war ein Bilderbuchmädchen. Eines, das keine Kleider oder Röcke tragen wollte. Eines, dessen Lieblingsfarbe Blau war. Eines, das vernarrt war in Tiere, das das Meer liebte und davon träumte, irgendwann Meeresbiologin zu werden und die Arktis zu bereisen.« Ich fänd's nämlich richtig fein, wenn wir alle einfach unser ganz eigener Maßstab von einem Bilderbuchmädchen wären.

Auf wen bezieht sich »Bilderbuchmädchen« im Romantitel?

Ich mag an dem Titel, dass er Interpretationsspielraum lässt. Für mich bezieht er sich tatsächlich auf alle Charaktere in dem Buch. Ich weiß, eine sehr diplomatische Antwort, aber sind wir nicht eigentlich alle irgendwie auf der Suche nach unserem Platz in diesem Geschlechter- und Identitäten-Durcheinander?

Sind Sie darüber auch auf die Idee zum Roman gekommen?

Das kommt jetzt wahrscheinlich unerwartet. Ich war im tiefen Regenwald in Peru. Konkret in einem Paddelboot, auf einem Seitenarm des Amazonas, ungefähr drei Paddeltage und 24 Stunden mit dem Schiff von der nächsten größeren Ortschaft entfernt.

Mit staunenden Augen habe ich die vorbeiziehende Landschaft beobachtet, gespickt mit allerhand Affen, Faultieren und Vögeln. Mit Spinnen so groß wie mein Handteller und Krokodilen größer als ich. Links nichts als Dschungel, rechts nichts als Dschungel und dazwischen der Fluss. An einigen Stellen trennten vielleicht fünf Meter Wasser das eine Tier von dem anderen. Sie konnten sich quasi direkt ins »Wohnzimmer« schauen und trotzdem war die Distanz für manche unüberwindbar. Und zack, da war die Idee!

Verfolgen Sie eine bestimmte Absicht mit Ihrem Roman?

Natürlich ist auch eine ganze Portion Sozialkritik in dem Buch. Aber wenn ich mir etwas wünschen könnte, wäre es mehr Empathie. Für den eigenen Weg und für den anderer.

Hatten Sie beim Schreiben eine Zielgruppe vor Augen?

Nein. Verlage sind da nicht immer glücklich mit mir, aber ich habe beim Schreiben nie eine bestimmte Zielgruppe im Kopf. Mir geht es immer nur um eine konkrete Geschichte, die ich möglichst gut erzählen möchte.

Aber vielleicht können Sie verraten, wie alt Sam und Zara sind …

… vermutlich um die dreizehn Jahre alt …

… und wovon »Sam« die Abkürzung ist?

Ich verstehe total, wenn man neugierig auf die Antwort dieser Frage ist. Aber Sams Geburtsname gehört ihm und ihm ganz allein. Der geht auch nicht einmal mich etwas an, obwohl ich mir die Geschichte ausgedacht hab. Es gibt sogar einen eigenen Begriff für diese Art von Namen, nämlich »Deadname«. Also ein »toter Name«, der von einer Person nicht mehr verwendet wird. So eine Entscheidung hat ja immer einen triftigen Grund und ich finde es wichtig, das zu respektieren.

Wie funktioniert Schreiben bei Ihnen?

Grundsätzlich immer chronologisch. Manchmal zäh, manchmal beflügelt. Eher langsam. Lieber schreibe ich nur zehn Wörter, die ich mag, als zehntausend, die ich dann ewig überarbeiten muss. Oft schreib ich an mehreren Projekten parallel und spring zwischen Geschichten hin und her, wenn ich an einer Stelle gerade nicht weiterweiß. Falls alle Stricke reißen, geh ich spazieren. Das hilft immer.

Könnte man sagen, ein Motiv Ihres Romans ist das Schreiben vom Schreiben?

Mir war wichtig, dass sich Zara und Sam bis ganz zum Schluss über Zettel unterhalten. Über Social Media erfährt man heutzutage sofort unzählige Dinge über eine Person. Man sieht ausgewählte Fotos, Videos und Texte und hat oft schnell das Gefühl, jemanden zu »kennen«, ohne sich wirklich mit dem Menschen dahinter auseinanderzusetzen. Textnachrichten sind, finde ich, ein Fluch und ein Segen. Unglaublich praktisch, aber diese ständige Verfügbarkeit kann auch echt anstrengend sein. Handschrift hat für mich etwas sehr Intimes. Man muss sich Zeit nehmen, hat nicht endlos Platz und wählt die Wörter vielleicht ein bisschen bedachter aus. Ich wollte Zara und Sam auf jeden Fall die Möglichkeit geben, sich möglichst unvoreingenommen und in ihrem eigenen Tempo kennenzulernen. So konnten sie Zettel für Zettel Vertrauen aufbauen.

So wie Sie sich am Ende bei Ihren Leser:innen für ihr Vertrauen bedanken?

Bücher sind für mich »nur« mit Buchstaben bedrucktes Papier. Erst wenn sie gelesen werden, wird der Inhalt im Kopf der Leser:innen lebendig. Sie verbinden den Text mit ihren eigenen Erlebnissen, Weltbildern, Hoffnungen etc. So entsteht jedes Mal aufs Neue eine ganz eigene Geschichte. Auch wenn eine Million Menschen das gleiche Buch lesen, wird niemand exakt dieselbe Leseerfahrung dabei haben.

Warum ist Sams Familie eigentlich umgezogen?

Ich glaube, sie mussten umziehen. Vielleicht wurde der Vertrag ihrer alten Wohnung nicht verlängert oder sie wollten sich etwas Eigenes kaufen.

Und wo steckt Zaras Vater?

Oje, jetzt muss ich euch enttäuschen. Wo Zaras Vater ist, weiß ich nicht. Ich kenne Autor:innen, die absolut alles über ihre Charaktere wissen. Vom Geburtsgewicht über die Unterhosenfarbe bis zum Lieblingsessen der Großmutter. Ich weiß meistens nur das, was ich für die konkrete Geschichte wissen muss. Zaras Mutter hat – salopp formuliert – das Problem, dass sie in unserer kapitalistischen Leistungsgesellschaft eine alleinerziehende Mutter ist. Da braucht man (leider) manchmal durchaus solche Dinge wie Walgesänge.

Sams Freundschaft mit Sophia zerbricht. Mögen Sie keine Happy Ends?

Über die letzte Frage musste ich lachen. Ich finde das Buch geht ja durchaus gut aus! Menschen entwickeln sich weiter und wachsen und manchmal hat das neue »Ich« dann keinen Platz mehr in einer alten Beziehung. Manchmal merkt man auch, dass man vielleicht nur für einen bestimmten Abschnitt im Leben gut füreinander war. Das tut natürlich weh, aber hat auch etwas Positives? Was aber auf jeden Fall stimmt, ist, dass ich keine unrealistischen Happy Ends mag. Ich finde, die werden dem Leben nicht gerecht. In Wirklichkeit ist alles viel komplexer und vielseitiger und ganz selten ist wirklich alles zum selben Zeitpunkt nur gut oder schlecht.

Komplex sind auch die zwei Erzählperspektiven.

Ich hab ein Faible für Geschichten, die aus unterschiedlichen Perspektiven erzählt werden. Besonders mag ich daran, dass man als Leser:in immer ein wenig mehr weiß als die Charaktere. Das führt oft zu lustigen oder besonders spannenden Situationen.

Konkret für »das Bilderbuchmädchen« war es mir wichtig, dass man Sam sowohl aus seiner eigenen Sicht als auch aus Zaras Sicht als Sam mitbekommt.

Sind die Kapitel deswegen so unterschiedlich lang?

In erster Linie sind die unterschiedlich langen Kapitel ganz natürlich aus dem Fluss der Geschichte entstanden. Wenn Zaras und Sams Handlungsstränge aufeinandertreffen, war es an manchen Stellen zum Beispiel notwendig, schnell hin und her zu wechseln, um im Moment bleiben zu können. Ich denke für den Spannungsbogen ist es aber auch nicht ganz schlecht. *(lacht)*

Nicht ganz schlecht ist auch Zaras Song.

Das Lied hat Michael Dey, ein sehr lieber Freund und toller Musiker, extra für mich bzw. für Zara und Sam geschrieben. Ihr könnt seine Musik unter »Homonym« finden!

Alles andere als ein Freund ist Christopher. Was hilft gegen solche Mobber?

Erst einmal tut es mir sehr leid, wenn du von Mobbing betroffen bist. Ich weiß aus eigener Erfahrung, wie schlimm das sein kann. Ich weiß auch aus eigener Erfahrung, dass es irgendwann besser wird. Auch wenn das im Moment vielleicht schwer zu glauben ist. Den ultimativ rettenden Rat habe ich nicht. Ich denke, es kommt auch immer auf die individuelle Situation an. Auf jeden Fall Hilfe holen! Es gibt inzwischen zum Glück ganz viele Stellen, online und vor Ort, an die man sich wenden kann.

Neben Mobbing thematisieren Sie auch noch Pubertät und Transsein …

… Ich finde besonders Kinder- und Jugendbuch-Autor:innen haben eine riesige Verantwortung ihren Leser:innen gegenüber. Es ist unglaublich wichtig, dass es achtsame Bücher zu relevanten Themen gibt. Trotzdem schreibe ich selbst nicht so gern »Vehikel-Geschichten«. Also Geschichten, die extra geschrieben werden, um ein bestimmtes Thema zu vermitteln. Bei mir ist zuallererst immer eine Geschichte, die mich berührt und die ich selbst spannend finde. Also ich hab mir nicht gedacht: »Oh, ich will ein Buch über Trans-Identität schreiben, ich denk mir mal eine Geschichte aus.« Sondern: »Oh, ich will ein Buch über Zara schreiben, die Sam sieht. Also so RICHTIG sieht, wie ihn sonst zu dem Zeitpunkt niemand sieht. Und dann will ich darüber schreiben, was dieses Gesehenwerden in Folge mit ihm macht.«

Aber einen Rat für trans Schüler:innen und ihre Lehrer:innen haben Sie vielleicht?*

An trans* Schüler:innen: Ihr seid toll! Lasst euch nicht unterkriegen. Auch wenn ihr auf Widerstand stoßt. Auch wenn manche Leute in eurem Umfeld vielleicht noch nicht bereit sind. Ihr schafft das. Ihr seid nicht allein. Ihr seid nicht allein. Ihr seid nicht allein! An Lehrer:innen: Hört aufmerksam zu und zeigt Schüler:innen, dass sie euch wichtig sind. Traut euch zuzugeben, wenn ihr euch mit dem Thema nicht auskennt oder Berührungsängste habt. Es ist total okay zu sagen: »Puh, damit hab ich nicht so viel Erfahrung, aber ich unterstütze dich und will gerne mehr lernen!«

Lernen als Thema – daher auch das Fragen nach dem Sinn?

Schreiben hilft mir auch beim Nachdenken über Themen, die mich persönlich beschäftigen. Gerade in schwierigeren Zeiten kann es echt guttun, wenn man weiß, wieso man jeden Tag aufs Neue aufsteht. Die Sinnfrage ist da natürlich die Frage aller Fragen und wird sicher noch öfters in Geschichten auftauchen.

Was ist also der Sinn des Lebens, ein für alle Mal?

Es gibt einen Text »Über die Geduld« von Rainer Maria Rilke, den ich in diesem Zusammenhang ganz schön finde. Wenn jemand von euch eine bessere Antwort hat, könnt ihr sie mir gern verraten! *(lacht)*

Frau Ofner, vielen Dank für das Gespräch.

Interview: Dr. Peter Schallmayer (Januar 2024)

FIGURENKONSTELLATION

i.3

Die Figuren sind rund um die treibende Kraft des Geschehens angeordnet, den Protagonisten.
Die Schriftgröße gibt ihre (diskutable) Bedeutung für Sam wieder.

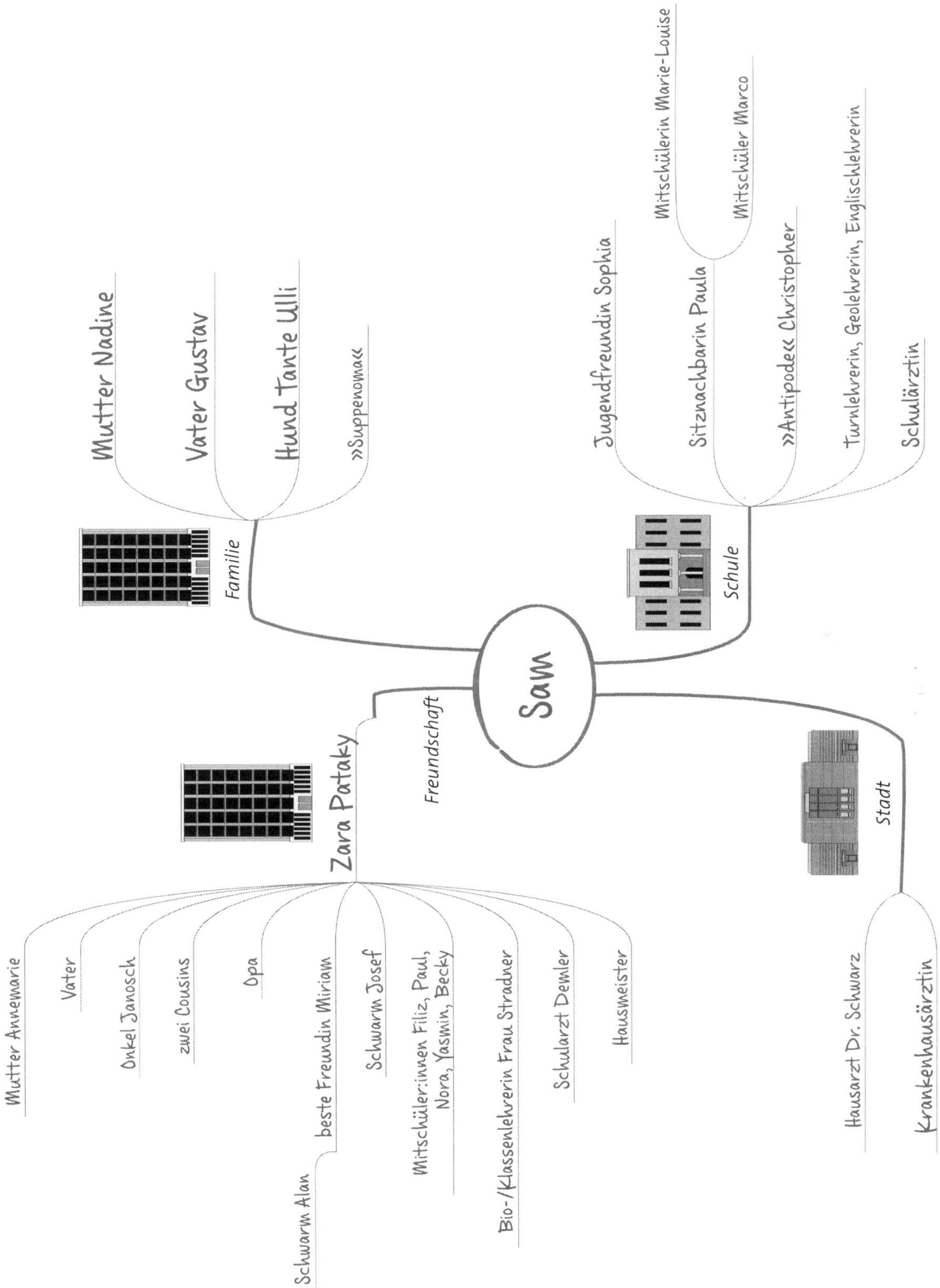

i.4 Tabellarische Kapitelübersicht

Schauplatz	Seite	Handlung
Wohnviertel Fischergasse	5	September. Zara beobachtet einen traurigen Jungen in der gegenüberliegenden Wohnung.
Haltestelle	6–7	Sam wartet auf den Bus, als ihn ein neugieriges Mädchen anstarrt.
Wohnviertel	7–9	Zara sieht den traurigen Jungen erneut und sucht nach einer Erklärung.
Auto	10	Sam wird von seinem Vater Gustav nach dem Schwimmunterricht abgeholt.
Wohnviertel	10–19	Sam irritiert seine Mutter Nadine: Er ist in voller Montur schwimmen gegangen. Zara bleibt indes auch nach einem Gespräch mit ihrer besten Freundin Miriam ratlos, die von ihrem Schwarm Alan einen Korb bekommen hat. Am Morgen wird Sam aufgeregt von seinem Vater geweckt, denn jemand hat eine Nachricht ans Fenster gegenüber geklebt. Zara wiederum ist sauer, als sie auf die Nachricht keine Antwort erhält und auch noch kein einziges Wort mit ihrem Schwarm Josef gewechselt hat. Erst später klebt Sam mit seinen Eltern ein eigenes Plakat ans Fenster.
Miriams Zuhause	19–22	Zara erzählt Miriam von Josef und übernachtet spontan bei ihr.
Park	22–24	Sam geht mit seiner besten Freundin Sophia spazieren, fühlt sich aber nur genervt. Mit einer Passantin spricht er unwillkürlich mit tiefer Stimme.
Wohnviertel	24–29	Sam schaut in Zaras Zimmer. Währenddessen denkt Zara an ein zu kurzes Gespräch mit Josef und tritt unzufrieden ans Fenster. Sam erschrickt darüber und versteckt sich hinter dem Vorhang. Zara will von Sam gesehen werden, setzt sich bald aber enttäuscht an den Schreibtisch. Jetzt löscht Sam das Licht und verschließt die Vorhänge. Zara befällt die Müdigkeit und sie rollt sich auf dem Bett zusammen.
Schule	30–31	Sam setzt sich zu seiner Mitschülerin Paula, um von seinem Intimfeind Christopher nicht weiter wegen des Schwimmens aufgezogen zu werden.
Wohnviertel	31	Sam ringt sich zu Hause durch, Zara eine Nachricht zu schreiben.
Schule	31–32	Sam verlässt die Schwimmhalle, als seine Mitschüler:innen anfangen, Körperteile zu vergleichen. Er selbst würde bestimmte Körperteile am liebsten loswerden.
Wohnviertel	32–35	Zara antwortet auf Sams Nachricht. Sie freut sich so, dass sie darüber beinahe Josef vergisst. Auch Sam machen Zaras Nachrichten Spaß.
Schule	36–38	Sam denkt an Zaras Nachrichten, während er auf die Schulärztin wartet. Das Gespräch erleichtert ihn so, dass er selbstbewusst auf Christopher zugeht. Die Begegnung endet jedoch mit Schlägen.
Wohnviertel	39–41	Sam ist enttäuscht von der Reaktion seiner Eltern auf die blutige Nase. Er berichtet Zara von seinem Tag und Zara schildert wiederum ihren.
Praxis	42	Sam lässt seine Nase vom Hausarzt Dr. Schwarz untersuchen.
Schulen	42–48	Sam weiß im Unterricht nicht, wie er mit Sophias traurigem Blick umgehen soll. Als Zara mit ihrem Referat Josef unterdessen nicht beeindrucken kann, behauptet sie Miriam gegenüber, ein Date mit ihm zu haben. Um Nachfragen auszuweichen, sucht sie den Schularzt Demler auf. Doch inzwischen haben Miriam und Josef von der Lüge erfahren und stellen Zara zur Rede.
Wohnviertel	48–60	Zara wirft sich erschöpft aufs Bett. Sam erfährt dadurch von Zaras Malheur und gibt ihr Aufgaben auf. Während sich Zara allmählich beruhigt, fühlt sich Sam verantwortlich. Als er die Vorhänge schließt, fühlt sich Zara egoistisch. Sie wirft mit ihrer Mutter Annemarie wütend Geschirr an die Wand, wohingegen Sam sich traurig im Spiegel betrachtet, bevor er mit seinen Eltern übers Schwimmen diskutiert. Immerhin kann sich Zara später noch mit Miriam aussöhnen.
Josefs Zuhause	60–62	Zara besucht Josef zu Hause. Sie schauen Film und umarmen sich zum Abschied.

Schauplatz	Seite	Handlung
Wohnviertel	62–69	Sam surft im Internet, als Sophia ihm Nachrichten schickt. Genervt aktiviert er den Flugmodus. Zara hingegen fühlt sich großartig und versucht, Sam auf sich aufmerksam zu machen. Doch Sam antwortet Zara nur kurz. Anderntags wartet Zara ungeduldig, dass Sam endlich die Vorhänge öffnet. Als er sie vor seinem Fluch warnen will, Menschen Unglück zu bringen, erzählt Zara ihm von der Lüge und Sam ihr von den Problemen mit Sophia.
Autobahn	70–76	Sam spritzt mit seinen Mitschülern Farbe von einer Brücke. Dabei denkt er an den Morgen, als sich Sophia von ihm weggesetzt hat. Als sie sich an Marco ranmacht, stiehlt Sam sich davon.
Schulen	76–77	Zara betritt das Klassenzimmer in der Hoffnung, von Josef angesprochen zu werden. Sam wiederum trifft in der Schule auf Sophia, doch gelingt ihm die Aussprache mit ihr nicht.
Haltestelle	77–78	Zara erzählt Miriam vom Kinodate mit Josef.
Wohnviertel	78–82	Zaras Mutter hat sich mit trauriger Musik zurückgezogen, als Zara Sam in Sachen Sophia berät. Gemeinsam rätseln sie über den Sinn des Lebens.
Park	83–85	Sam trifft sich mit Sophia. Sie findet ihn auch wegen seiner übergroßen Kleidung peinlich und möchte in der Schule vorerst nicht mehr neben ihm sitzen.
Wohnviertel	85–86	Zara schaltet den CD-Player aus, nachdem ihre Mutter eingeschlafen ist.
Park	86–87	Sam versucht, möglichst männlich an Betrunkenen vorbeizustaksen. Auf keinen Fall will er ein Mädchen sein.
Wohnviertel	87	Zara geht die Aufgaben des Tages durch.
Haltestelle	87–89	Sam verschlägt es buchstäblich die Sprache, als Zara ihn anspricht.
Schulen	89–94	Zara glaubt nach der Begegnung mit Sam, dass er stumm ist. Sie beschließt auszuprobieren, wie sich das anfühlt. Sam freut sich indessen, als sich seine Mitschülerin Paula neben ihn setzt. Als er sich von der Schulärztin vom Schwimmen befreien lassen will, muss er weinen und kann lange nicht damit aufhören.
Wohnviertel	94–99	Zara überzeugt ihre Mutter, mit ihr Zeichensprache zu lernen. Sam liest gerade eine Broschüre der Schulärztin, als er Zara wild gestikulieren sieht. Das Missverständnis klärt sich auf und plötzlich steht in einem anderen Fenster eine Nachricht.
Schulen	100–103	Zara fällt allmählich auf, dass das Schweigen die Sinne schärft. Sam denkt währenddessen über die Sinnfrage nach und stellt sie auch Paula.
Wohnviertel	103–113	Zara trägt nun ihrerseits Sam eine Aufgabe auf, der seinen Eltern von Sophia erzählt statt von seinem eigentlichen Anliegen. Als Zara nach einem Outfit fürs Kinodate sucht, berät Sam sie. Später dreht er Musik auf und sie tanzen gemeinsam.
Kino	113	Zara setzt sich mit Josef nach dem Film auf eine Bank.
Wohnviertel	113–114	Sam betrachtet sich angeekelt im Spiegel. Er muss mit seinen Eltern reden.
Kino	115–116	Zara unterhält sich mit Josef. Erst berührt er sie, dann küsst sie ihn.
Wohnviertel	116	Sam spielt mit seinen Eltern Karten.
Auto	116–117	Zara erzählt ihrer Mutter auf der Heimfahrt von Josef, die ihn kennenlernen will.
Wohnviertel	118	Sam teilt Zara mit, dass er abnehmen möchte.
Miriams Zuhause	118–120	Zara besucht Miriam und berichtet vom Kinodate.
Wohnviertel	120	Sam lässt die vergangenen Ereignisse Revue passieren.
Schule	120–121	Zara bemerkt, wie verschossen sie in Josef ist.
Wohnviertel	121–122	Dezember. Sam öffnet mit seinen Eltern das erste Türchen des Adventskalenders, hinter dem sich ein Kleidergutschein verbirgt.
Schule	122–123	Zara spricht mit Miriam über Josef, bevor sie ihn in der Pause erneut küsst.

Schauplatz	Seite	Handlung
Wohnviertel	123	Sam beschließt, seine Eltern mit dem Kalender über sein Anliegen zu informieren.
Schule	123–124	Zara stellt im Gespräch mit Josef fest, wie wenig ihn wirklich interessiert.
Einkaufszentrum	124	Sam besorgt die Geschenke für den Kalender und kauft sich ein Herrenhemd.
Wohnviertel	125	Zara beobachtet, wie Sam traurig vor dem Spiegel steht.
Schulen	125–127	Sam wartet in der Schule darauf, dass zu Hause die Bombe platzt. Er malt sich aus, wie seine Eltern den Kalender öffnen. Unterdessen spricht Zara mit Miriam wieder über Josef, bevor sie mit komischen Gefühlen nach Hause eilt.
Wohnviertel	127	Zara wartet ungeduldig auf Sam.
Haltestelle	127	Sam lässt den Bus an sich vorbeifahren.
Wohnviertel	127–128	Zara beobachtet Sams Eltern beim Essen. Sie hat ein seltsames Gefühl und würde am liebsten zu Sams Eltern gehen. Dann beobachtet Zara, wie drüben Hektik ausbricht. Sie geht nach draußen und bleibt unschlüssig nebenan stehen. Zara drückt alle Klingelknöpfe und eine ältere Frau betätigt den Türöffner. Doch bevor sie eintreten kann, kommen ihr Sams Eltern entgegen. Zara setzt sich vor den Eingang und macht sich Sorgen. Sie geht schließlich nach Hause zurück und beschließt, sich mit Sam zu treffen. Sam hingegen läuft ziellos durch die Straßen. Er empfängt eine Nachricht seiner Mutter, sie würden mit dem Adventskalender auf ihn warten. Doch Sam fordert seine Eltern auf, schon ohne ihn anzufangen. Zitternd wartet er auf die nächste Nachricht. Plötzlich versuchen seine Eltern, Sam verzweifelt anzurufen, und schicken ihm verzweifelte Nachrichten. Als sich Sophia meldet, teilt Sam seinen Standort. Bald schließen seine Eltern ihn in die Arme. Beim Frühstück sprechen sie sich aus und vereinbaren einen Arzttermin. Zara gegenüber bittet Sam um Geduld.
Schule	138–139	Zara berät mit Miriam den bevorstehenden Besuch Josefs.
Wohnviertel	139–141	Sam fühlt sich wie neugeboren. Er schreibt Zara und erfährt von einem weiteren Fenster mit einer Nachricht zum Sinn des Lebens.
Bus	141	Zara nimmt Josef mit nach Hause und stellt ihm dabei die Sinnfrage.
Krankenhaus	142	Sam und seine Eltern warten nervös auf die Ärztin. Sie werden immer unruhiger, bis sie endlich vorgelassen werden. In aller Ruhe werden Sam und seine Eltern über die Geschlechtsumwandlung informiert. Indes wartet Zara mit ihrer Mutter ebenfalls im Krankenhaus: Josef hatte eine allergische Reaktion beim Essen. Nach der Entwarnung entdeckt Zara Sam und seine Eltern. Vergeblich gibt sie sich als Sams Schwester aus, um mehr zu erfahren.
Konditorei	148–149	Sam bekommt von seinem Vater ein Stück Geburtstagstorte und fühlt sich noch einmal wie neugeboren.
Schulen	149–156	Zara erzählt Miriam von Sam. Ihr gelingt es kaum, Miriam davon abzuhalten, mit ihr zu kommen und Sam kennenzulernen. Sam wiederum bemerkt im Gespräch mit Sophia, dass sie sich nichts mehr zu sagen haben. Er vertraut Paula sein Geheimnis an, die überraschend souverän reagiert.
Wohnviertel	156–162	Zara beobachtet Sam und ihre Vermutung scheint sich zu bestätigen. Rasch schreibt sie eine Nachricht. Sam zögert mit einer Antwort, was Zara nervös werden lässt, doch dann beginnt er zu schreiben. Zara berichtet von ihrem Talent, sich unsichtbar zu machen, worauf Sam von seinem Fluch erzählt, Dinge bei Berührung ungewollt verschwinden zu lassen. Als Zara dann endlich die Wahrheit wissen will, schließt Sam erschrocken die Vorhänge. Zara sieht ihre Vermutung bestätigt.
Einkaufszentrum	163–164	Zara geht nur ungern mit Josef auf Shoppingtour. Dann hat sie eine Idee.
Wohnviertel	164–166	Sam beginnt zu trainieren, um Muskeln aufzubauen. Als er das Hemd anprobiert, ist er am Boden zerstört. Derweil klärt Zara Josef bei sich über den gekauften Taucheranzug auf.
Schulen	166–168	Zara macht sich beim Wichteln Vorwürfe: War sie zu fordernd Sam gegenüber? Miriam freut sich hingegen über Kinokarten von Alan. Sam wiederum reagiert schlagfertig, als er von Christopher erneut gehänselt wird.

Schauplatz	Seite	Handlung
Paulas Zuhause	168	Sam fährt mit zu Paula nach Hause.
Wohnviertel	169	Zara muss Sam sehen, also wartet sie, bis er die Wohnung verlässt. Sam wiederum ist ganz in Gedanken ans Training.
Schule	170	Zara muss Miriam versprechen, Sam den Taucheranzug wirklich zu geben.
Haltestelle	170–171	Als Sam auf den Bus wartet, geht Zara auf ihn zu. Er bekommt von ihr ein Päckchen, dann wünscht sie ihm frohe Weihnachten. Während sich Sam ärgert, wieder kein Wort gesagt zu haben, ist Zara enttäuscht, Sam kein Wort entlockt zu haben.
Wohnviertel	171–177	Sam schämt und ärgert sich zugleich. Er packt Zaras Geschenk aus und liest die Karte, auf der eine kleine Trans-Pride-Flagge prangt: Sie weiß über ihn Bescheid! Sam schaut in Zaras Zimmer und sendet Lichtsignale. Zara freut sich indes über die Weihnachtsgeschenke und ist gleichzeitig traurig wegen der geschlossenen Vorhänge. Sie geht mit ihrer Mutter schlafen und denkt an Sam. Dann bemerkt sie die Lichtsignale. Gemeinsam betreten Sam und Zara die Straße und umarmen sich. Doch Zara verschwindet nicht – der Fluch ist gebannt.
Danksagung	178	

i.5 WEITERFÜHRENDE LITERATURHINWEISE

Thematisch verwandte Jugendromane

- Martina Wildner: **Königin des Sprungturms.** Weinheim und Basel: Beltz & Gelberg, 2015.
  Die 12-jährige Nadja kennt kein Leben ohne Karla und ohne Sprungtraining – Auerbachsalto, Delfinkopfsprung. Nadjas Sprünge sind beeindruckend, aber Karla ist die Königin des Sprungturms. Doch eines Tages gelingen Karla keine Sprünge mehr. Hat es etwas mit Ingo, dem neuen Freund der Mutter, zu tun? ...
  Ein Buch zum Thema Pubertät.
- Linus Giese: **Ich bin Linus. Wie ich der Mann wurde, der ich schon immer war.** Weinheim und Basel: Beltz & Gelberg, 2023.
  Mit dem Satz »Ich bin Linus« beginnt im Sommer 2017 sein neues Leben. Offen erzählt Linus Giese von seinem Weg als trans Mann und warum sein Leben heute nicht einfacher, aber sehr viel glücklicher ist. Er erzählt von seiner zweiten Pubertät, euphorischen Gefühlen, Selbstzweifeln, beklemmenden Arztbesuchen, bürokratischen Hürden, Freundschaft und Solidarität ...
  Ein Buch zum Thema Transsexualität.
- Carolin Hristev: **Keiner zwischen uns.** Weinheim und Basel: Beltz & Gelberg, 2023.
  Der 15-jährige Nelson hatte eben noch gedacht, auf der Klassenfahrt könnte er endlich mit Marie zusammenkommen. Doch im nächsten Moment sieht er sie eng umschlungen mit Hamza. Hamza, der wie ein Bruder für ihn ist! Doch als er ihn wutentbrannt zur Rede stellt, offenbart ihm Hamza ein Geheimnis, das seine Welt im Chaos versinken lässt ... Ein Buch zum Thema Freundschaft.
- Stephan Knösel: **Das absolut schönste Mädchen und ich.** Weinheim und Basel: Beltz & Gelberg, 2017.
  Nach einem Streit mit seiner Mutter ergreift der 17-jährige Paul die Flucht aus Paris und reist zu seinem Vater nach München. Dort trifft er auf die schöne und einzigartige Zoe. Paul ist völlig gefangen von ihr. Er muss Zoe beweisen, dass er der einzig Richtige für sie ist ...
  Ein Buch zum Thema erste Liebe.

Sachliteratur und Medien für Jugendliche

- Gina Loveless: **So überlebst du die Pubertät.** Bindlach: Loewe, 2022.
  Hilfe, Pubertät! Auf einmal wachsen Haare, wo vorher keine waren, und die Emotionen kochen hoch. Was da plötzlich alles wichtig wird: Die (Körper-) Pflege, das Essverhalten, das Geschlecht, das eigene Selbstwertgefühl und so vieles mehr! Aber kein Grund, sich in einem Loch zu verkriechen. Dieses Buch zeigt dir nicht nur, wie du die Pubertät überlebst, sondern auch, wie großartig sie sein kann.
- Melanie Büttner, Alina Schadwinkel und Sven Stockrahm: **Ist das normal? Sprechen wir über Sex, wie du ihn willst.** Weinheim und Basel: Beltz & Gelberg, 2020.
  Was beim Sex guttut, ist für jeden anders. Was normal ist, auch. Wer sich selbst besser kennt, kann herausfinden, wo die eigenen sexuellen Bedürfnisse, Wünsche und Grenzen liegen. Die Macher des erfolgreichen ZEIT-ONLINE-Sexpodcasts sprechen offen und einfühlsam über sexuelle Identität.
- The Beatles: **Help!** London: Parlophone 1965.
  Fünftes Studioalbum der britischen Musikgruppe.

Literatur für Eltern und Lehrer:innen

- Elisabeth Raffauf: **Pubertät heute. Ohne Stress durch die wilden Jahre.** Weinheim: Beltz, 2011.
  Die Eltern von Heranwachsenden haben es nicht leicht – und heute schon gar nicht. Viele gesellschaftliche Normen, die ihnen in der eigenen Jugend Reibungsfläche und Wegweiser zugleich waren, gelten nicht mehr. In diesem Buch geht es deshalb besonders um die neuen Herausforderungen, denen Eltern gegenüberstehen.
- Alexander Naß (Hrsg.).: **Geschlechtliche Vielfalt (Er)Leben. Trans*- und Intergeschlechtlichkeit in Kindheit, Adoleszenz und jungem Erwachsenenalter.** Gießen: Psychosozialverlag, 2016.
  Mit der Thematik Trans- und Intergeschlechtlichkeit im Kindes- und jungen Erwachsenenalter beschäftigen sich die Autor*innen des vorliegenden Buches aus interdisziplinärer und multidimensionaler Perspektive. Die Beiträge sollen insbesondere pädagogischem und psychologischem Fachpersonal eine Handreichung beim Umgang mit inter- und trans*geschlechtlichen Kindern und Jugendlichen sein.*

Lesezeichen und Zeilometer

Dieses Lesezeichen hilft dir, einzelne Textstellen zu finden oder dich mit deinen Mitschülerinnen und Mitschülern über bestimmte Textstellen zu unterhalten: Lege dazu einfach das Zeilometer an den oberen Buchrand. Die Zahlen sind dann die jeweiligen Zeilen. Natürlich kannst du dein Zeilometer auch individuell gestalten.

Nicht so das Bilderbuchmädchen (1)

Das ist Sams und Zaras Geschichte ...

1. Erkläre den Begriff »Bilderbuchmädchen«. Was zeichnet es aus?

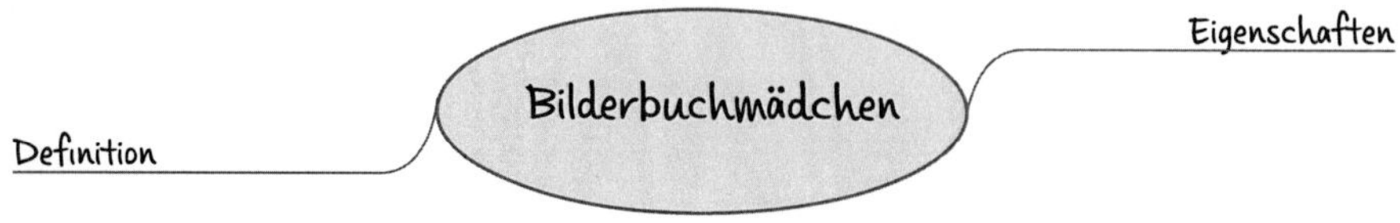

2. Beschreibe das Romancover. Wie wirkt es auf dich?

Tipp Bei der Beschreibung kannst du zum Beispiel folgende Gesichtspunkte berücksichtigen: Gegenstände, Text, Position der Gegenstände auf dem Cover, Position der Gegenstände zueinander, Farben, Schriftarten.

für Profis Gestalte dein eigenes Cover, das ebenfalls zum Titel »Nicht so das Bilderbuchmädchen« passt.

3. Lies den Klappentext. Welche Erwartungen oder Befürchtungen weckt er?

Info Der **Klappentext** gibt erste Hinweise zum Schauplatz, zu den Figuren und zur Handlung eines Romans. Er ist kurz gehalten und spannend geschrieben. Davor steht oft ein Zitat aus dem Roman und danach kommt häufig der Kommentar einer berühmten Persönlichkeit zum Roman. Je größer der Anreiz ist, das Buch nach dem Lesen des Klappentextes auch zu kaufen, desto besser ist der Klappentext.

4. Führe eine Recherche zur Romanautorin durch.
Wie ergänzen oder verändern die Informationen deine Erwartungen?

Info Informationen über die Autorin findest du unter → **i.1** oder im Internet auf: www.agnesofner.com (Stand: Januar 2024)

5. Schneide das Zeilometer aus (→ **k.1**) und lege eine Lesetabelle an.

Methode Mit einer **Lesetabelle** behältst du den Überblick über einen Roman. Besorge einen Schnellhefter und erstelle eine Tabelle, in der du kapitelweise folgende Fragen beantwortest: Kapitelnummer? Seitenzahlen? Schauplätze? Figuren? Handlung? Eigene Gedanken? (→ **i.4**)

Der Junge weint

Sam hat ein Problem …

1. Blättere durch den Roman. Was bedeuten die fettgedruckten Namen?

2. Lies die ersten beiden Romankapitel. Was erfahren wir über die Hauptfiguren?

Tipp Bei der Charakterisierung kannst du zum Beispiel folgende Aspekte betrachten: Aussehen, Verhalten, Beziehungen, Wünsche/Ängste, Eigenschaften.

Sam	Seite/Zeile	Zara	Seite/Zeile
weint	Seite 5/Zeile 2		

3. Spekuliere ausgehend von eigenen Erfahrungen, warum Sam traurig ist. Was vermutet Zara im dritten Kapitel?

Meine Spekulationen:

Sam ist traurig, weil …

Zaras Spekulationen:

Sam ist traurig, weil …

4. Übertrage die Szene von Seite 11, Zeile 7 bis Zeile 29 in ein Rollenspiel. Warum könnte Sam deswegen traurig sein?

Methode Um ein **Rollenspiel** vorzubereiten, kannst du ein Drehbuch schreiben. Überlege dir eine passende Überschrift, beschreibe kurz den Schauplatz, zähle die beteiligten Figuren auf und schreibe die Szene in einen Dialog um (Sprecher, Gesprochenes, Regieanweisungen), zum Beispiel:

Bademeisterin (schreit): *Schwimmen in Jeans verboten!*

für Profis Erkläre, inwiefern der Seeigel (oder einfach Igel), über den Zara ein Referat halten muss, ein Symbol für Sam sein könnte. Allgemeine Informationen über Symbole findest du im Internet auf: klexikon.zum.de/wiki/Symbol und Informationen über das Symbol »Igel« findest du auf: www.gala.de/lifestyle/horoskope/traumdeutung/traumdeutung-igel--was-bedeutet-das---23880828.html (Stand: Januar 2024).

Der Junge von gegenüber heißt Sam

Sam und Zara schreiben sich …

1. Bilde aus folgenden Silben zwei Sätze.
Achtung: Vier Silben passen nicht und ergeben ein eigenes Wort.
Womit nehmen Sam und Zara Kontakt zueinander auf? ____________

Tipp: Ziehe dazu die Seiten 14 und 18 heran.

& – BIN – ZA – DINE – FENS – GUS – HAL – HAL – ICH – LI – LO – LO – NA – NACH – RA – RICHT – SAM – SIND – TAN – TAV – TE – TER – UL – WIR

2. Erkläre, wozu sich Sam und Zara schreiben.

Textstelle	Schreibende	Schreibfunktion
S. 14 / S. 18	Zara / Sam	1. Sam und Zara nehmen Kontakt auf
S. 32 / S. 33	Sam / Zara	2. Sam und Zara …
S. 33 / S. 34	Zara / Sam	
S. 40 / S. 41	Zara / Sam	

3. Übertrage folgende österreichische Wörter, die die Autorin beim Schreiben verwendet, ins Hochdeutsche:

Angabenzettel (S. 71) • Kopfpolster (S. 17) • Mistkübel (S. 17) • Sessel (S. 13) • Stiegen (S. 52) • abdrehen (S. 28) • anläuten (S. 169) • verflecken (S. 84) • heuer (S. 171) • in da Fria (S. 21)

Info: Ein Wörterbuch mit den meisten Begriffen findest du im Internet auf: www.ostarrichi.org (Stand: Januar 2024).

für Profis: Die Autorin verwendet nicht nur eine besondere Sprache für ihren Roman, sondern sie erzählt ihn auch auf eine bestimmte Art. Analysiere die Erzähltechnik. Ich-Form oder Er-Form? Personale oder neutrale Erzähler? Präsens oder Präteritum? Direkte oder indirekte Rede?

4. Führe ein stummes Schreibgespräch durch: Inwiefern wirkt Sam auf dich (immer noch) sonderbar?

Info: Das sogenannte **Motiv des Sonderlings** taucht immer wieder in Romanen auf. Sonderbar ist eine Figur, wenn sie eigenwillig aussieht und sich eigenartig verhält. Oft hat diese Figur spezielle Interessen und besondere Ängste. Autorinnen und Autoren verwenden das Motiv, um für Toleranz und Akzeptanz zu werben.

Methode: Bei einem **stummen Schreibgespräch** tauschst du dich schreibend mit einer Partnerin oder einem Partner über eine Frage aus. Nehmt ein Blatt Papier, schreibt die Frage darauf und diskutiert sie schriftlich. Am Ende erhaltet ihr eine Art Chatverlauf.

»Komm schon, Sophia, komm schon!«

Sam ist mit Sophia und Zara mit Miriam befreundet …

1. Berichte mit folgendem Zeitstrahl, wie sich Christopher Sam gegenüber verhält.

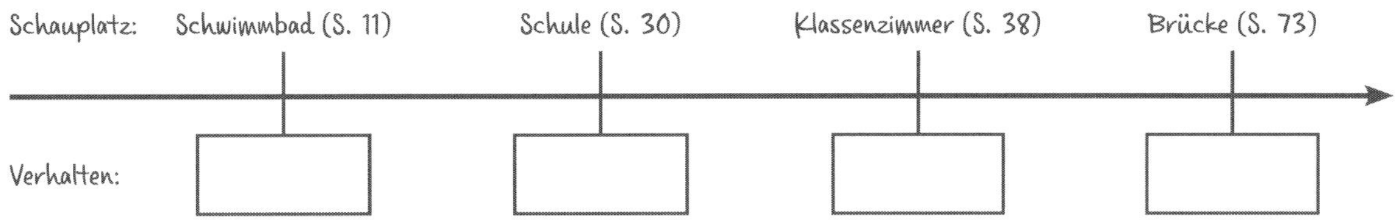

2. Erläutere, warum es sich um Mobbing handelt. Was kann Sam machen und was sollte Christopher tun?

Info Informationen über Mobbing findest du im Internet auf: klexikon.zum.de/wiki/Mobbing (Stand: Januar 2024).

3. Stelle die Freundschaft zwischen Sam und Sophia in folgender Fieberkurve dar.

Methode Mit einer **Fieberkurve** lässt sich zeigen, wie sich die Beziehung zwischen zwei Figuren entwickelt. Zähle auf der x-Achse die Begegnungen von Sam und Sophia auf. Setze im IV. Quadranten zu jeder Begegnung ein X: je weiter entfernt von der x-Achse, desto größer der (innere) Abstand zwischen Sam und Sophia. Ziehe dazu folgende Seiten heran: S. 23, 32 f., 70, 76.

für Profis Entwirf eine weitere Fieberkurve zur Freundschaft zwischen Zara und Miriam. Wie verlaufen die beiden Freundschaften? Was macht Zara anders als Sam? Ziehe dazu folgende Seiten heran: S. 20, 21 f., 44, 59, 118 ff.

4. Versetze dich in Sam, folge Zaras Rat und rede mit Sophia. Wie würdest du den Konflikt lösen und wie versucht es Sam später selbst?

Tipp Ziehe dazu folgende Seiten heran: S. 83 ff.

»Dann red mit ihr! Besuch sie zu Hause! Lauere ihr auf! (S. 81)«

Mitten auf die Popcornlippen

Zara verliebt sich in Josef …

1. Lies Seite 115, Zeile 2, bis Seite 116, Zeile 18 gestaltend vor. Was würdest du besonders betonen?

Methode

Beim **gestaltenden Vorlesen** versiehst du einen Text(abschnitt) mit Vortragszeichen, studierst ihn ein und trägst ihn vor. Du kannst beispielsweise folgende Zeichen verwenden:

Lautstärke	< >	Betonung	v	Artikulation	*traurig, wütend, sachlich …*
Geschwindigkeit	→←	Pause	|	Mimik	☺ ☹ 😐

2. Markiere in der Textstelle Zaras Gedanken und Gefühle. Was denkt und fühlt wohl Josef?

a) Josef sagt lang nichts. *Er fragt sich, …*

b) Josef macht so ein kleines, komische Geräusch. *Er …*

c) Er […] zieht dann die Hand wieder weg. *Er …*

d) Er schaut sie so komisch unsicher an. *Er …*

Info

Romane beschreiben sowohl Außenwelten (Handlung, Rede) als auch Innenwelten (Gedanken, Gefühle). Handlung: »Zara [fährt] nicht nach Hause.« Gedanken: »Ihr wird bewusst, dass sie den Josef eigentlich noch gar nicht so gut kennt.« Nutze ähnliche Textbausteine (Josef fragt sich, ob … / stellt sich vor, dass … / fühlt, wie … etc.), um Josefs Innenwelt darzustellen.

3. Rekonstruiere mit folgendem Schaubild, über welche Schritte Zara und Josef sich nähergekommen sind.

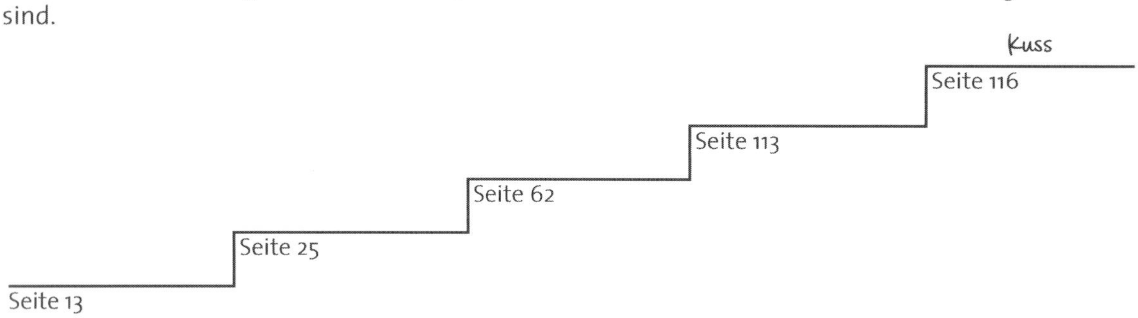

4. Analysiere folgenden Wortwechsel von Seite 119. Wie verstößt Zara gegen Miriams Rollenbild?

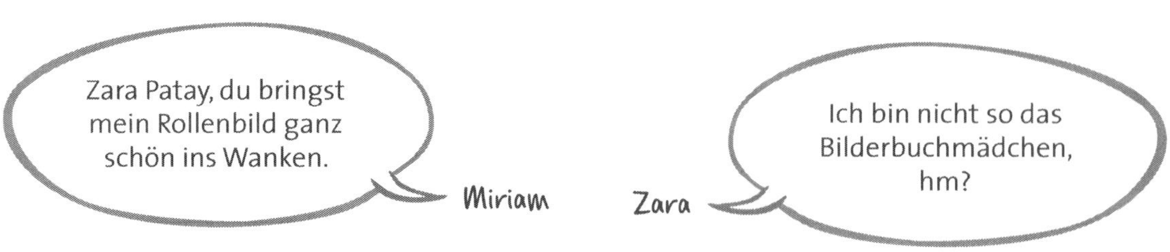

für Profis

Schildere die Beziehung zwischen Miriam und Alan. Wie wird sie weitergehen? Ziehe dazu folgende Seiten heran: S. 20 und 166.

»Pubertät ... ganz normal ... nicht einmischen«

Sam und Zara werden erwachsen ...

1. Ordne folgende Tätigkeiten den typischen Lebensabschnitten zu. Nutze je Lebensabschnitt eine eigene Farbe.

Tätigkeiten	Lebensabschnitte
abends lange ausgehen	Säugling
Alkohol trinken	Kind
alleine wohnen	Jugendlicher
arbeiten gehen	Erwachsener
Auto fahren	alter Mensch
einen Handyvertrag abschließen	
getragen werden	
größer werden	
sich an Vorschriften halten müssen	
sich verlieben	
spielen	
tagsüber ein Nickerchen machen	
um Erlaubnis fragen	
Verantwortung für andere übernehmen	
wählen gehen	
weinen	
zur Schule gehen	

2. Lies Seite 56, Zeile 11, bis Seite 59, Zeile 14, und beantworte folgende Fragen:

- Was ist Pubertät laut Schulärztin?
- Inwiefern ist Sam in der Pubertät?

3. Wie würde dein Ranking der Antworten aussehen und welche eigenen Antworten fehlen dir?

für Profis: Lies die S. 105, Z. 22, bis S. 107, Z. 9. Inwiefern ist auch Zara in der Pubertät?

	das Beste daraus machen (S. 99)
	eine harmonische Familie haben (S. 102)
	einen kleinen Hund haben (S. 102)
	einen spaßvollen Job haben (S. 102)
	Erdnussbutter haben (S. 82)

	gemeinsam unterwegs sein (S. 165)
	man selbst sein (S. 174)
	möglichst glücklich sein (S. 82)

4. Stell dir vor, Sam postet einen Beitrag in einem Ratgeberforum für Jugendliche. Verfasse seine Nachricht und entwirf eine Antwort der Redaktion.

Unter keinen Umständen ein Mädchen

Sam fühlt sich im falschen Körper …

1. Lies Seite 174, Zeile 19 f. und färbe folgende Grafik richtig ein. Welche Bedeutung hat das Rechteck?

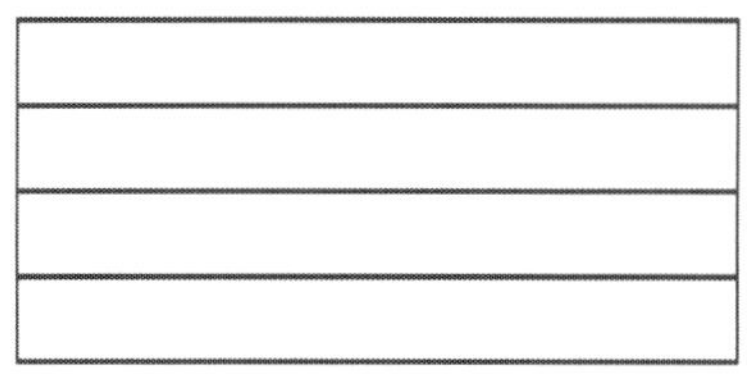

Info: Zur Trans-Pride-Flagge findest du im Internet auf: queer-lexikon.net/pride-flags (Stand: Januar 2024).

2. Beschrifte die drei Kreise »Verdrängen«, »Erinnern«, »Durcharbeiten« in folgender Zielscheibe entsprechend der Seitenzahlen. Wie erfolgt also Sams Outing als Junge im Körper eines Mädchens?

für Profis: Recherchiere den Text des Lieds »Help« von den Beatles. Warum erwähnt es die Autorin auf Seite 58?

»Er will nie, unter keinen Umständen, ein Mädchen sein«

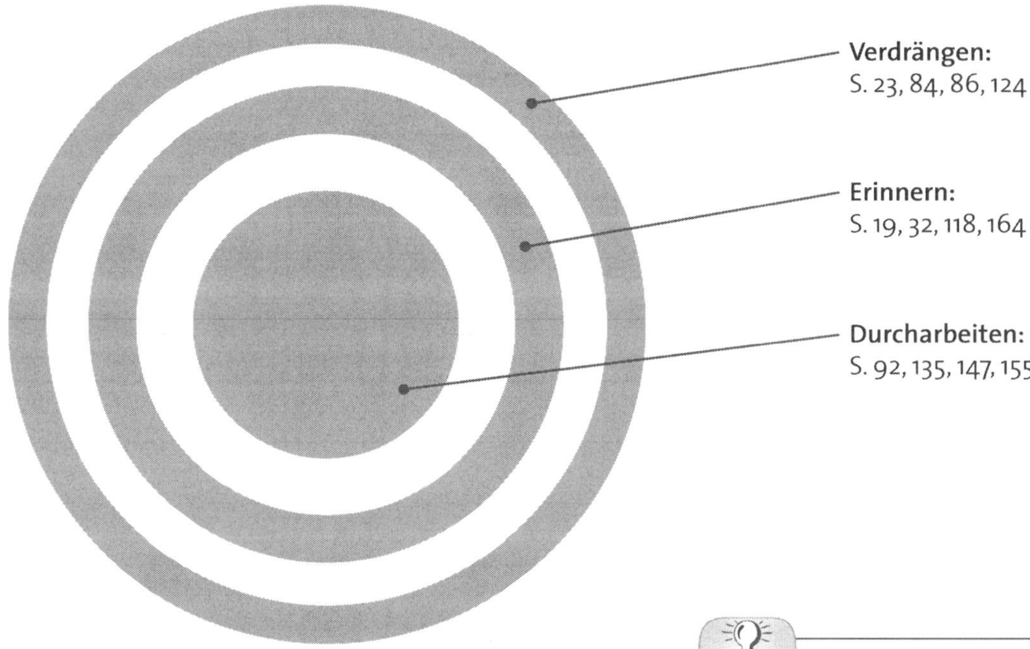

3. Beschreibe und bewerte die Reaktionen von Sams Eltern, Paula und Zara. Wie würdest du dich dabei fühlen?

Tipp: Ziehe dazu folgende Seiten heran: S. 148 f., 154 ff., 173 ff.

4. Gestalte ein Plakat oder einen Flyer, in dem du über drei Aspekte informierst:

- Bedeutung von trans*
- Coming-out als trans* Person
- Tipps für trans* Schüler*innen

Info: Informationen zum Transsein findest du im Internet auf:

- www.regenbogenportal.de/informationen/jung-und-trans
- www.regenbogenportal.de/infoartikel/comingout-als-trans
- www.regenbogenportal.de/informationen/tipps-fuer-trans-schueler-innen

(Stand: Januar 2024)

Nicht so das Bilderbuchmädchen (2)

Sam und Zara umarmen sich …

1. Erläutere noch einmal den Romantitel »Nicht so das Bilderbuchmädchen«. Auf wen bezieht er sich und warum?

____

____

____

____

____

____

2. Stelle mit folgendem Lexikoneintrag fest, warum es sich um einen Bildungsroman handelt.

> **Bildungsroman**
>
> In Bildungsromanen werden jugendliche Figuren mit Fragen und Problemen des Erwachsenwerdens konfrontiert: Sexualität, Selbstfindung, Identität. Die Figuren sind dynamisch, das heißt, sie entwickeln sich im Laufe der Handlung weiter und gewinnen einen neuen Blick auf die Gesellschaft und ihr eigenes Leben. Die Handlung dreht sich um die Konfrontation mit gewohnten Lebensmustern, Lebensumfeldern und Lebensräumen, also dem Elternhaus, der Peergroup, der Schule und der Gesellschaft.

3. Prüfe noch einmal den Klappentext. Wurden deine Erwartungen oder Befürchtungen erfüllt?

> **für Profis:** Verfasse deinen eigenen Klappentext.

4. Bewerte den Roman mit der Fünf-Finger-Methode.

> **Methode:** Die **Fünf-Finger-Methode** könnt ihr ein schnelles Feedback geben. Hebt reihum eine Hand und gebt pro Finger eure Meinung zu einem bestimmten Kriterium ab.
>
> Daumen: Das fand ich top.
> Zeigefinger: Darauf möchte ich hinweisen.
> Mittelfinger: Das hat mir gestunken.
> Ringfinger: Das war besonders berührend.
> Kleiner Finger: Das kam mir zu kurz.
>
> Ihr könnt euer Feedback zuerst auch alleine als Sprachnachricht aufnehmen und dann gemeinsam in eurer Klasse anhören.

Lösungsvorschläge

K.2

4. → i.1/Interview

K.3

1. Kapitelüberschriften, Protagonisten, Erzähler:innen
2. → u.3/Figuren
3. Eltern, Hund, Schule, altes Leben, Liebeskummer
   PROFI → u.3/Stilmittel

K.4

1. HALLO, ICH BIN ZARA / HALLO, WIR SIND NADINE, GUSTAV, SAM & TANTE ULLI
   Lösungswort: Fensternachricht
2. → u.3/Motive
3. Aufgabenblatt, Kopfkissen, Mülleimer, Stuhl, Treppen, ausschalten, klingeln, verhauen, dieses Jahr, morgens
   PROFI → u.3/Erzähltechniken

K.5

1. Auslachen, Frotzeln, Schlagen, Herausfordern
3. → u.3/Themen
   Die Freundschaft zwischen Sam und Sophia *vergeht*. S. 23: Treffen im Park, aber er ist genervt, weil sie ihn im Schwimmbad ausgelacht hat; S. 32 f.: sitzen in der Schule nebeneinander, aber er ist wieder genervt, weil sie seine Körpermaße will; S. 70: Sophia setzt sich von Sam weg; S. 76: Sophia macht sich an Marco heran, weil sie sauer ist, als Sam ihre Nachrichten auf dem Smartphone ignoriert.
   PROFI: → u.3/Themen
   Die Freundschaft zwischen Zara und Miriam *besteht*: S. 19/20: Sie vertrauen einander Geheimnisse an, wenn Zara von ihrem Schwarm Josef und Miriam von ihrem Schwarm Alan berichtet; S. 21 f.: Miriams Tipp 1: Josef ansprechen; S. 44: Zara belügt Miriam; S. 59/60: Versöhnung und Miriams Tipp 2: Josef besuchen; S. 118 ff.: tauschen sich über Zaras Beziehung zu Josef aus und reflektieren Rollenerwartungen wie Bilderbuchmädchen oder Mädchen-/Jungensport.

K.6

2. Er fragt sich, warum Zara jetzt mit Fußball anfängt; er fühlt sich unwohl, weil Zara mit Fußball seinen wunden Punkt berührt; er überlegt sich, Zara mit einer Berührung vom Thema abzubringen, entscheidet sich aber doch wieder anders; er hat Angst, dass Zara ihn nicht mehr mögen könnte.
3. → u.3/Themen
   S. 13: Zara denkt an Josef; S. 22: Zara träumt von einem Kuss; S. 25: sie spricht Josef an; S. 61/62: Zara besucht Josef zu Hause; S. 113: sie gehen ins Kino, halten Händchen; S. 116: sie küssen sich
4. übernimmt den aktiven Part
   PROFI → u.3/Themen

K.7

2. → u.3/Themen
   a) »In der Pubertät verändern sich Körper manchmal schneller, als das Hirn mit dem Verarbeiten mitkommt und dann braucht man Zeit, um sich an sein neues Äußeres zu gewöhnen« (S. 56 f.).
   b) Die physischen Veränderungen verunsichern Sam (S. 114), während die Verunsicherung ihn auch psychisch herausfordert (S. 56 f.). Deswegen sehnt er sich nach Sicherheit oder Gewissheit, und zwar in Form eines Skripts (S. 58). Seine Eltern wiederum verspüren Ratlosigkeit angesichts des ambivalenten Verhaltens von Sam (S. 63).
   PROFI: Die physischen Veränderungen verunsichern Zara (S. 105), während die Verunsicherung sie auch psychisch herausfordert (S. 105 f.). Deswegen sehnt sich Zara nach Sicherheit oder Gewissheit in Gestalt eines Maßstabs (S. 106). Ihre Mutter wiederum verspürt Ratlosigkeit angesichts des ambivalenten Verhaltens von Zara (S. 79) und wünscht sich Stabilität (S. 79).

K.8

1. Trans-Pride-Flagge: Herz rot, Rechteck oben und unten hellblau, dann rosa, innen weiß
2. **Verdrängen:** in voller Montur schwimmen (S. 10), tief sprechen (S. 23), übergroße Kleidung tragen (S. 84), breitbeinig laufen (S. 86), ein Herrenhemd kaufen (S. 124) – Sam will normal sein (S. 84)
   Erinnern: in den Spiegel schauen (S. 19, 56, 114, 125), Körperteile loswerden wollen (S. 32), Gewicht abnehmen wollen (S. 118), Muskeln aufbauen wollen (S. 164), sich ekeln (S. 120)
   Durcharbeiten: mit der Schulärztin sprechen (S. 37, 92; Broschüre: S. 95), mit den Eltern sprechen – erste Versuche (S. 105, 116, 123), Gespräch (S. 135), mit einer Ärztin im Krankenhaus sprechen (S. 147), mit Paula sprechen (S. 155), mit Zara sprechen bzw. Zara mit ihm (S. 173); stolz sein (Trans-Pride-Flagge: S. 174), sich neugeboren fühlen (S. 139, 149).
   PROFI: Hilferuf Sams, der bei Eltern nicht durchdringt
3. Sams Eltern, Paula und Zara reagieren zu Sams Erstaunen jeweils richtig aufs Outing: einfühlsam (Eltern, Torte), unaufgeregt (Paula, Gespräch), humorvoll (Zara, Taucheranzug)

K.9

2. → u.3/Erzähltechnik